D1880308

गणित सबके लिए

त्रिकोणमिति

गणित सबके लिए

त्रिकोणमिति

अनुराधा के. रामचन्द्रन
वागोवस्की

अरुणोदय प्रकाशन

ISBN : 978-81-88140-56-1

अरुणोदय प्रकाशन

4695, 21-ए, दरियागंज, नयी दिल्ली-110002

द्वारा प्रकाशित

प्रथम संस्करण : 2012

आवृत्ति 2019

मूल्य : ₹ 250.0

हर्ष प्रिंटर्स, दिल्ली-110 093

द्वारा मुद्रित

अरुणोदय प्रकाशन, वाणी प्रकाशन की सहयोगी संस्था

भूमिका

गणित सबके लिए योजना के अंतर्गत चार पुस्तकें तैयार की गयी है। अंकगणित, बीजगणित ज्यामिति व त्रिकोणमिति।

ये पुस्तकें दो उद्देश्यों को ध्यान में रखकर तैयार की गयी है। पहला स्पर्शज्या क्या है, प्रतिशत कैसे निकालते हैं। वर्ग समीकरण का मूल ज्ञात करने के लिए कौन-से सूत्र हैं आदि सूचनाएं इसमें जल्द से जल्द मिल सकती हैं। सभी के साथ उदाहरण भी दिये गये हैं। साथ ही किन-किन परिस्थितियों में कौन सा नियम लागू होगा यह बताया गया है। दूसरा उद्देश्य यह भी रहा है कि पुस्तक सरल रूप में पाठकों को उपलब्ध हो जाये। गणित को एक दुसाध्य विषय माना जाता है। परन्तु यदि इसे पढ़ने की प्रक्रिया क्या है साथ ही पुस्तक की शैली क्या हो, यदि लेखक और पाठक ध्यान में रखें तो विषय बेहद सरल है, सुगम्य है।

स्कूली पाठ्य पुस्तक में, विशेषकर यदि वह उच्च कक्षाओं के लिए लिखी गयी है, मुख्य भूमिका विवेचना की होती है, तथ्यपरक सामग्री तर्क के बोझ से दबी रहती है। कम से कम विद्यार्थियों को ऐसा ही लगता है, प्रस्तुत पुस्तक में तथ्यपरक सामग्री की भूमिका मुख्य है। इसका मतलब यह नहीं है कि इसमें विवेचना का तर्क है ही नहीं। कहीं कहीं सूत्र की स्थापना का तार्किक आधार भी दर्शाया गया है, पर यह सिर्फ विशेष परिस्थितियों में।

पुस्तक के हर भाग में ऐतिहासिक सर्वेक्षण भी दिये गये हैं इन्हें ध्यानपूर्वक पड़ लेना अत्यंत लाभदायक है ये पुस्तक के आवश्यक अंग हैं, इन्हें आत्मसात पर ही पुस्तकें आगे पढ़ी जायें तो बेहतर होगा।

इन पुस्तकों को पढ़ते समय कई पाठक उदाहरणों पर विशेष ध्यान देंगे तो निश्चय ही गणित जैसे विषय को रुचिकर बल्कि पहेलियों जैसा सरस पायेंगे। गणित को समझने के लिए पुस्तक में गणित प्रतीक उनकी प्रणाली, लिपि आदि

भी दिये गये हैं गणित के पठन पाठन के लिए भारतीय टिप्पणीयों के साथ-साथ यूरोपिय प्राचीन और नवीन परंपराओं का वर्णन भी कोष्ठकों में किया गया है। पाठक उनको ध्यान देकर पढ़ें।

इस पुस्तक के अनेको संस्मरण प्रकाशित हुए हैं यह इस पुस्तक की सफलता का प्रतीक है।

बागोदस्की
अनुराधा के. रामचन्द्रन

गणितीय प्रतीक

प्रतीक	अर्थ	उदाहरण	पढ़ें
$+$	जोड़	$a+b$	ए प्लस बी
$-$	घटाव	$a-b$	ए माइनस बी
$\times$,	गुणा	$a \times b, a.b$	ए गुणा बी
$\div$	भाग	$a \div b$	ए भागा बी
$=$	बराबर	$a = b$	ए बराबर बी
$\neq$	नहीं बराबर	$a \neq b$	ए नहीं बराबर बी
$\approx$	लगभग	$a \approx b$	ए लगभग बी
$>$	बड़ा, अधिक	$a > b$	ए अधिक बी (से)
$<$	छोटा, कम	$a = b$	ए कम बी (से)
$\geqslant$	—	$a \geqslant$	ए बड़ा या बराबर बी
$\mid\ \mid$	परम या निरपेक्ष मान	$\mid a \mid$	परम ए (ए का परममान)
a^n	घात	$a^n = c$	ए पर एन बराबर सी
$:$	व्यतिमान	$a : b$	ए के प्रति बी, एक प्रति बो,
$\sqrt[3]{\ }$	n-वां मूल	$\sqrt[3]{\ } 8 = 2$	आठ का तीसरा मूल (घनमूल) बराबर दो
$!$	क्रम गुणन	$n\,!$	एन गुणाल
log	लगरथ	$\log_a b = c$	ए-भू का लौग बी, बराबर सी
lg	$\log_{10}$	$\lg 100 = 2$	दश-भू का लौग सौ बराबर दो
ln	$\log_e$		ई-भू का लौग...
lim	सीमा		सीमा, लिमिट
Σ	संकलन, कुल योग		सिग्मा, संकल
Δ	त्रिभुज	ΔABC	त्रिभुज ए बी सी
$\angle$	कोण	$\angle ABC$	कोण ए बी सी
$\wedge$	चाप	$\widehat{AB}$	चाप AB
$\parallel$	समान्तर	$l \parallel m$	एल समांतर एम
$\perp$	बड़ा, अधिक	$l \perp m$	एल लंब एम (पर)

प्रतीक	अर्थ	उदाहरण	पढ़ें
$\sim$	समरूप	$\Delta ABC \sim \Delta DEF$	ΔABC समरूप ΔDEF (के)
π	वृत की परिधि और उसके व्यास का व्यतिमान		पाइ
$\circ$	डिग्री	10°	दस डिग्री
$'$	मिनट	$30'$	तीस मिनट
$''$	सेकेंड	$35''$	पैंतीस सेकेंड
∞	अनंत		
sin	दे. पृ. 401	$\sin 30^\circ = \frac{1}{2}$	साइन तीस डिग्री बराबर आधा
cos		$\cos\frac{\pi}{2}$	कौस पाइ बटा दो
tan			टैन
cot			कौट
sec			सेक
cosec			कौसेक
arcsin		$\arcsin x$	आर्कसाइन x
arccos	दे. पृ. 417		आर्ककौस
arctan			आर्कटैन
arccot			आर्ककौट
arcsec			आर्कसेक
arccosec			आर्ककोसेक
$y = f(x)$			वाई बराबर फलन x

माप की मैट्रिक प्रणाली

लंबाई की माप

1 किलोमीटर (km) = 1000 मीटर (m)

1 मीटर (m) = 10 डेसीमीटर (dm) = 100 सेंटीमीटर (cm)

1 डेसीमीटर (dm) = 10 सेंटीमीटर (cm)

1 सेंटीमीटर (cm) = 10 मिलिमीटर (mm)

क्षेत्रफल की माप

1 वर्ग किलोमीटर (km^2) = 1000000 वर्ग मीटर (m^2)

1 वर्ग मीटर (m^2) = 100 वर्ग डेसीमीटर (dm^2) = 10000 वर्ग सेंटीमीटर (cm^2)

1 हेक्टर (ha) = 100 आर (a) = 10000 वर्ग मीटर (m^2)

1 आर (a) = 100 वर्ग मीटर (m^2)

व्योम की माप

1 घन मीटर (m^3) = 1000 घन डेसीमीटर (dm^3) = 1000000 घन सेंटीमीटर (cm^3)

1 घन डेसीमीटर (dm^3) = 1000 घन सेंटीमीटर (cm^3)

1 लीटर (1) = 1 घन डेसीमीटर (dm^3)

1 हेक्टोलीटर (hl) = 100 लीटर (1)

भार की माप

1 टन (ton) = 1000 किलोग्राम (kg)

1 सेंटनर = 100 किलोग्राम (kg)

1 किलोग्राम (kg) = 1000 ग्राम (g)

1 ग्राम (g) = 1000 मिलिग्राम (mg)

सोवियत मुद्रा

100 कोपेक = 1 रूबल

लातीनी वर्णमाला

छपाई में	लिखावट में	नाम
A a	*A a*	ए
B a	*B b*	बी
C a	*C c*	सी
D a	*D d*	डी

छपाई में	लिखावट में	नाम
E a	*E e*	ई
F a	*F f*	एफ
G a	*G g*	जी
H a	*H h*	एच

छपाई में	लिखावट में	नाम
I a	*Ii*	आई
J a	*Jj*	जे
K a	*Kk*	के
L a	*Ll*	एल
M a	*Mm*	एम
N n	*Nn*	एन
O n	*Oo*	ओ
P n	*Pp*	पी
Q n	*Qq*	क्यू

छपाई में	लिखावट में	नाम
R n	*Rr*	आर
S n	*Ss*	एस
T n	*Tt*	टी
U n	*Uu*	यू
V n	*Vv*	वी
W n	*Ww*	डब्ल्यू
X n	*Xx*	एक्स
Y n	*Yy*	वाई
Z n	*Zz*	जेड

ग्रीक वर्णमाला

Α α	अल्फा
Β β	बीटा
Γ γ	गामा
Δ δ	डेल्टा (देल्ता)
Ε ε	एप्सीलोन
Ζ ζ	जेटा (जेता)
Η η	एटा (एता)
Θ θ' θ	थीटा (थेता)
Ι ι	इयोटा (इयोता)
Κ κ	कप्पा
Λ λ	लैम्डा (लांब्दा)
Μ μ	म्यू
Ν ν	न्यू
Ξ ξ	क्सी
Ο ο	ओमीक्रोन
Π π	पाइ (पी)
Ρ ρ	रो
Σ σ	सिग्मा
Τ τ	ताउ
Φ φ	फी
Χ χ	ही
Υ υ	उप्सीलोन
Ψ ψ	प्सी
Ω ω	ओमेगा

विषय-सूची

1. त्रिकोणमिति की विषय-वस्तु
2. त्रिकोणमिति के विास का एक ऐतिहासिक सर्वेक्षण
3. कोण की रेडियनी माप
4. डिग्री से रेडियन और रेडियन से डिग्री में परिवर्तन
5. तीछ कोण के त्रिकोणमितिक फलन
6. कोण द्वारा त्रिकोणमितिक फलन ज्ञान करना*
7. त्रिकोणमितिक फलन द्वारा उसका कोण ज्ञात करना
8. ऋजकोणिक त्रिभुजों के हल
9. त्रिकोणमितिक फलन के लगरथों की सारणी
10. कोण द्वारा त्रिकोणमितिक फलन का लगरथ ज्ञात करना४
11. त्रिकोणमितिक फलन के लगरथ के कोण ज्ञात करना
12. लगरथन द्वारा ऋजकोणिक त्रिभुज का हल
13. ऋजकोणिक त्रिभुजों के हल का व्यावहारिक उपयोग
14. समान कोण वाले त्रिकोणमितिक फलनों के पारस्परिक संबंध
15. मनचाहे कोण के त्रिकोणमितिक फलन
16. अवकरण-सूत्र
17. योगान्तर सूत्र
18. दुगुने, तिगुने और आधे कोणों के लिए सूत्र
19. त्रिकोणमितिक व्यंजनों की लगरथन-योग्य रूप देने के लिए सूत्र
20. त्रिभुज के कोणों से युक्त व्यंजनों को लगरथन-योग्य रूप देना
21. चंद महत्त्वपूर्ण संबंध
22. त्रिभुज के अंगों का आपसी संबंध*

23. तिरोत्रिभुजों के हल
24. प्रतीप त्रिकोणमितिक फलन (वृत्तीय फलन)
25. प्रतीप त्रिकोणमितिक फलनों के प्रमुख संबंध
26. त्रिकोणमितिक फलनों की सारणी बनाने की विधि
27. त्रिकोणमितिक समीकरण
28. त्रिकोणमीतिक समीकरण हल करने की युक्तियाँ

त्रिकोणमिति

त्रिकोणमिति की विषय-वस्तु

जैसा कि नाम से स्पष्ट है, त्रिकोणमिति त्रिभुज की मापों का अध्ययन करती है, जिसका मुख्य उद्देश्य है त्रिभुज से संबंधित ज्ञात राशियों के आधार पर त्रिभुज से संबंधित अज्ञात राशियों का मान कलित करना, अर्थात्, जैसा कि अक्सर कहते हैं, *त्रिभुज हल करना*। यथा, त्रिकोणमिति में त्रिभुज की प्रत्त भुजाओं की सहायता से उसके कोण ज्ञात करते हैं या प्रत्त क्षेत्रफल और दो कोणों की सहायता से उसकी भुजाएं ज्ञात करते हैं, आदि। चूंकि ज्यामिति में कलन से संबंधित किसी भी प्रश्न को त्रिभुज का प्रश्न बनाया जा सकता है, इसलिए पूरी तलमिति, व्योममिति और साथ ही प्रकृतिविज्ञान और तकनीक के सभी क्षेत्रों में इसका उपयोग होता है।

वर्तुली त्रिभुजों (§ 171) का हल *वर्तुली त्रिकोणमिति* में अध्ययन किया जाता है; इसके विपरीत, साधारण त्रिभुजों का हल *समतली या ऋजुरैखिक त्रिकोणमिति* के अध्ययन-क्षेत्र में आता है।

किसी मनचाहे त्रिभुज के कोणों को उसकी भुजाओं के साथ बीजगणितीय सूत्रों के सहारे सीधे संबंधित नहीं किया जा सकता। इसीलिए त्रिकोणमिति कोणों के अतिरिक्त तथाकथित त्रिकोणमितिक राशियों पर भी विचार करती है (इनके नाम और इनकी परिभाषाएं दे. § 212 में)। इन राशियों को त्रिभुज की भुजाओं के साथ बीजगणितीय सूत्रों के सहारे संबंधित किया जा सकता है। दूसरी ओर से, ये राशियाँ प्रत्त कोणों की सहायता से कलित हो सकती हैं और यदि ये ज्ञात हैं, तो इनकी सहायता से कोण कलित हो सकते हैं। यह सच है कि इन कलनों में श्रम और समय बहुत ज्यादा लगता है, पर इन्हें एक ही बार पूरा करके सारणियों में अंकित कर लिया गया है; बार-बार इन कलनों को दोहराने की जरूरत नहीं।

हर त्रिकोणमितिक राशि का मान कोण के साथ-साथ बदलता रहता है; अन्य शब्दों में, त्रिकोणमितिक राशि कोण का फलन है (§ 209)। इसीलिए 'त्रिकोणमितिक फलन' नाम दिया गया है

विभिन्न त्रिकोणमिति फलनों के बीच भी महत्त्वपूर्ण संबंध स्थापित किये गये हैं, जिनके उपयोग मे कलन सरल हो जाता है ।

त्रिकोणमिति के जिस अनुच्छेद में इन संबंधों का अध्ययन होता है, उसे **'कोणमिति'** कहते हैं ।

त्रिकोणमिति के विकास का एक ऐतिहासिक सर्वेक्षण

त्रिभुजों का हल ढूढ़ने की आवश्यकता सबसे पहले ज्योतिर्विज्ञान में पड़ी थी और लंबी अवधि तक त्रिकोणमिति का विकास तथा अध्ययन ज्योतिर्विज्ञान के ही एक अनुच्छेद के रूप में होता रहा ।

जहां तक हमें ज्ञात है, त्रिभुजों (वर्तुली) के हल की विधि पहले-पहल लिखित रूप में यूनानी ज्योतिर्विज्ञानी हिपार्कस (Hipparchus) ने ईसा पूर्व दूसरी शती में प्रस्तुत की थी; उनकी कृति हमारे दिनों तक सुरक्षित नहीं रही । यूनानी त्रिकोणमिति की उच्चतम उपलब्धि का श्रेय ज्योतिर्विज्ञानी प्तोलेमी (Ptolemy, दूसरी शती ई० पू०) को दिया जाता है; कोपेरनिकस (Copernicus) से पहले विश्व का केंद्र पृथ्वी को मानने का जो विचार प्रचलित था, उसके प्रणेता प्तोलेमी ही थे ।

यूनानी ज्योतिर्विज्ञानी ज्या, कोज्या, स्पर्शज्या आदि नहीं जानते थे । इन राशियों की सारणी की जगह वे कोण-निरूपक चापों के सहारे परिधि के चापकर्ण बताने वाली सारणियों का इस्तेमाल करते थे । चाप डिग्रियों और मिनटों में नापे जाते थे: चापकर्ण भी डिग्रियों में नापे जाते थे (एक डिग्री त्रिज्या का साठवां अंश था) । डिग्री मिनटों और मिनट सेकेंडों में विभक्त थे । साठ-साठ भागों में विभक्त करने की प्रथा को यूनानियों ने बेबीलोनवासियों से ग्रहण किया था (दे. § 22) ।

प्तोलेमी की सारणी में $\frac{1}{2}^\circ$ का अंतराल रखने वाले सभी चापों के चापकर्ण* एक सेकेंड तक की शुद्धता से दिये गये थे । अंतर्वेशन की सहायता से इसी शुद्धता के साथ किसी भी चाप का चापकर्ण ज्ञात किया जा सकता था (अंतर्वेशन को सरल करने के लिए प्तोलेमी ने $1'$ तक के सुधार भी दिये थे) ।

---

* यदि विचाराधीन चाप के अर्ध पर बना केंद्रीय कोण लिया जाये, तो चापकर्ण इस कोण की ज्या-रेखा का दुगुना होगा । इसीलिए प्तोलेमी की सारणी ज्या की $\frac{1}{4}$ अंतराल वाली पाँच-अंकी सारणी के समतुल्य थी ।

सारणी के लिए मान कलन करने में उन्होंने अंतर्गत चतुर्भुज के कर्णों में संबंधित प्रमेय (§ 158) का सहारा लिया था, जिसे उन्होंने स्वयं स्थापित किया था।

त्रिकोणमिति का महत्त्वपूर्ण विकास मध्ययुगीन भारतीय ज्योतिर्विज्ञानियों ने किया। यूनानियों की तरह भारतीयों ने भी चाप को डिग्री में नापने की बेबीलोनी प्रथा को अपनाया, पर भारतीय विद्वान चापों का चापकर्ण नहीं, बल्कि चापों की ज्या-रेखा तथा कोज्या-रेखा को नापते थे (चित्र 216 में चाप AM की ज्या-रेखा PM है और कोज्या-रेखा OP है)। इसके अतिरिक्त वे रेखा PA (शरज्या) का भी उपयोग करते थे, जिसे बाद में योरपीय विद्वानों ने sinus versus (अंग्रेजी में versed sine) का नाम दिया।

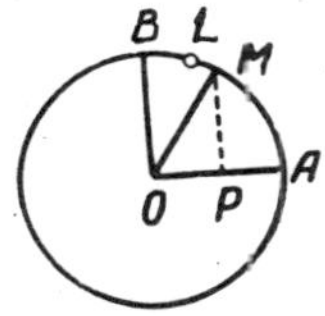

चित्र **216**

कर्त MP, OP, PA नापने की इकाई चापीय मिनट था। यथा, चाप $AB = 90^\circ$ की ज्या-रेखा वृत्त की त्रिज्या OB थी; त्रिज्या के बराबर लंबाई वाले चाप AL में (लगभग) $57^\circ 18' = 3438'$ मिनट होता था। इसीलिए 90° के चाप की ज्या-रेखा $3438'$ के बराबर थी।

भारतीय विद्वानों द्वारा बनायी गयी ज्या के मानों की सारणी प्तोलेमी की सारणी जितनी शुद्ध नहीं थी; उसमें मान $3^\circ 45'$ (अर्थात् चतुर्थांश के चाप के $\frac{1}{24}$ अंश) के अंतरालों पर दिये गये थे (यह 4-5-वीं शती की बात है)।

इसके बाद त्रिकोणमिति का विकास 9-14-वीं शतियों में अरबी भाषा-भाषी विद्वानों की कृतियों में हुआ। दसवीं शती में बगदाद के विद्वान—बुजान के मोम्मद—ने (जो अबू-अल-वाफ नाम से प्रसिद्ध थे) ज्या और कोज़्या की रेखाओं के साथ-साथ स्पर्शज्या, कोटि स्पर्शज्या, व्युत्क्रम ज्या और व्युत्क्रम कोज्या की रेखाओं को शामिल किया। उन्होंने इनकी वही परिभाषाएं दीं, जो हमारी पाठ्य-पुस्तकों में दी जाती हैं। अबू-अल-वाफ ने इन रेखाओं के महत्त्वपूर्ण आपसी संबंध भी स्थापित किये (जो § 193 के सूत्रों के अनुरूप हैं)।

महान मुसलमान विद्वान, तूसा के नसीर एद्दीन (1201-1274) की कृतियों में त्रिकोणमिति एक स्वतंत्र विषय के रूप में प्रकट हुई। नसीर एद्दीन ने समतली और वर्तुली त्रिभुजों के हल की सभी स्थितियों पर एक-एक कर विचार किया था; उन्होंने हल की कई नयी विधियां भी दी थीं।

12-वीं शती में अरबी भाषा में ज्योतिर्विज्ञान पर कई कृतियां लातीनी में अनूदित हुईं; इन्हीं के माध्यम से योरपवासियों का त्रिकोणमिति के साथ प्रथम

परिचय हुआ ।* पर योरपवासी अरबी ज्ञान-विज्ञान से पूरी तरह से परिचित नहीं हो पाये। विशेषकर नसीर एद्दीन की कृति से वे अनभिज्ञ रहे। 15-वीं शती के मेधावी जर्मन ज्योतिर्विज्ञानी योहान म्यूलर ने (Johann Müller, 1436-1476), जो रेगियोमोंटानुम (Regiomontanus) नाम से अधिक प्रसिद्ध थे, नसीर एद्दीन के प्रमेयों की फिर से खोज की ।

रेगियोमोंटानुस ने ज्या के मानों की विस्तृत सारणी तैयार की (1 मिनट के अंतराल पर सात सार्थक अंकों की शुद्धता से)। उन्होंने ही पहले-पहल त्रिज्या के षष्ठभू विभाजन का विचार त्याग कर दूसरी प्रणाली अपनायी; उन्होंने ज्या-रेखा नापने के लिए त्रिज्या का एक करोड़वाँ भाग इकाई के रूप में चुना। इस प्रकार, ज्या को पूर्ण संख्याओं (न कि षष्टभू अंशों) में व्यक्त किया गया। अब दशमलव भिन्नों के प्रयोग तक सिर्फ एक कदम रह गया था, पर इसमें करीब 100 वर्ष और लगने थे (दे. § 46)।

रेगियोमोंटानुस की सारणी के बाद और भी विस्तृत सारणियाँ बनायी गयीं। कोपेरनिकस के मित्र रेटिकुम (Rhaeticus, 1514-1576) ने अपने कई सहयोगियों की सहायता से 30 वर्ष तक इन सारणियों के लिए अथक परिश्रम किया। सारणी का प्रकाशन 1596 में उनके शिष्य ओटो (Otho) द्वारा संभव हो सका। कोण प्रत्येक 10″ के अंतराल पर दिये गये थे, त्रिज्या 1 000 000 000 000 000 भागों में बाँटी गयी थी, इसलिए ज्या के मान में 15 विश्वस्त अंक थे।

त्रिकोणमिति में वार्णिक द्योतन (बीजगणित में वे 16-वीं शती के अंत में प्रयुक्त होने लगे थे) सिर्फ 18-वीं शती के मध्य में अपनाया गया, जिसका

---

* उसी समय से लातीनी शब्द 'सीनुस' (sinus, अंग्रेजी sine) एक पारिभाषिक शब्द के रूप में प्रयुक्त हो रहा है, जिसका अर्थ 'खीसा' (पौकेट) है। यह अरबी शब्द 'जेब' का अक्षरशः अनुवाद था। अरबी पारिभाषिक शब्द 'जेब' कहाँ से आया, यह अज्ञात है। कुछ लोग मानते हैं कि इसकी उत्पत्ति संस्कृत शब्द 'ज्या' या 'जीवा' से हुई है, जिसका आरंभिक अर्थ 'धनुष की डोरी' (ज्यामिति में—'चापकर्ण') है, पर भारतीय विद्वान इस स्थिति में 'अर्ध ज्या' (=अर्ध चापकर्ण) का प्रयोग करते थे। [धीरे-धीरे संक्षेपण के लिए सिर्फ 'ज्या' का इस अर्थ में प्रयोग होने लगा था, चापकर्ण के लिए 'जीवा' शब्द रह गया था।]

'कोसिनुस' नाम 17-वीं शती के आरम्भ में आया, जो complimenti sinus (पूरक कोण की ज्या) का संक्षिप्त रूप था; यह इंगित करता था कि $\cos A = \sin(90° - A)$ है। 'टेंजेंट' और 'सेकांट' (लातीनी से, 'स्पर्शक' और 'कर्तक') नाम 1583 में जर्मन विद्वान फिंक (Finck) प्रयोग में लाये।

श्रेय ऐलर (Euler, 1707-1783) को जाता है। इस महान गणितज्ञ ने त्रिकोणमिति को उसका आधुनिक रूप प्रदान किया। राशि $\sin x$, $\cos x$ आदि को वे फलन (§ 209) के रूप में देखते थे; संख्या x को तदनुरूप कोण की रेडियन में माप के बराबर मानते थे। ऐलर संख्या x को हर संभव मान प्रदान किया करते थे: धनात्मक, ऋणात्मक और यहां तक कि मिश्र भी। उन्होंने प्रतीप त्रिकोणमितिक फलन (§ 203) भी परिभाषित करके अपनाये।

कोण की रेडियनी माप

त्रिकोणमिति में कोण नापने की इकाई के रूप में डिग्री (§ 144) के साथ-साथ रेडियन का भी प्रयोग होता है। **इकाई रेडियन** *एक तीछ्ण कोण* (MON, चित्र 217) *है, जिस पर वृत्त के केंद्र से चाप MN दिखता है; चाप MN की लंबाई त्रिज्या OM के बराबर है* ($\widehat{MN}=OM$)। इस कोण का मान वृत्त की त्रिज्या और परिधि पर चाप MN की स्थिति पर निर्भर नहीं करता। चूंकि अर्ध वृत्त केंद्र से $180°$ के कोण पर दिखता है और अर्ध वृत्त की लंबाई $\pi \cdot$त्रिज्या है, इसलिए कोण $180°$ की तुलना में एक रेडियन का कोण π गुणा कम होता है, अर्थात् एक रेडियन $\frac{180°}{\pi}$ डिग्रियों के बराबर होता है:

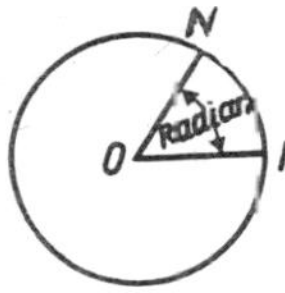

चित्र 217

$$1 \text{ रेडियन} = \frac{180°}{\pi} \approx 57°.2958 \approx 57°17'45''.$$

विलोमतः, एक डिग्री $\frac{\pi}{180°}$ रेडियन के बराबर है:

$$1° = \frac{\pi}{180} \text{ रेडियन} \approx 0.017453 \text{ रेडियन},$$

$$1' = \frac{\pi}{180 \cdot 60} \text{ रेडियन} \approx 0.000291 \text{ रेडियन},$$

$$'' = \frac{\pi}{180 \cdot 60 \cdot 60} \text{ रेडियन} \approx 0.000005 \text{ रेडियन}।$$

किसी भी कोण (AOB, चित्र 218) की **रेडियनी माप** इस कोण और एक रेडियन ($\angle MON$, चित्र 217, 218) के व्यतिमान को कहते हैं; पर व्यतिमान $AOB : \angle MON$ तदनुरूप चापों के व्यतिमान $\overset{\frown}{AB} : \overset{\frown}{MN}$, अर्थात् 'चाप AB बटा त्रिज्या' के बराबर है।

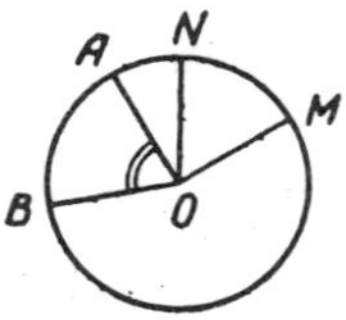

चित्र 218

इस प्रकार, किसी भी कोण AOB की रेडियनी माप केंद्र O से कोण की भुजाओं के बीच खींचे गये मनचाही त्रिज्या के चाप और इस त्रिज्या के व्यतिमान को कहते हैं।

रेडियनी माप अपनाने से कई सूत्रों का रूप सरल हो जाता है।*

चंद अक्सर प्रयुक्त कोणों की रेडियनी और डिग्रीपरक मापों की तुलनात्मक सारणी को कंठस्थ कर लेना लाभदायक रहेगा :

डिग्री में कोण	$360°$	$180°$	$90°$	$60°$	$45°$	$30°$
रेडियन में कोण	2π	π	$\pi/2$	$\pi/3$	$\pi/4$	$\pi/6$

डिग्री से रेडियन और रेडियन से डिग्री में परिवर्तन

विधियां § 182 के निष्कर्षों पर आधारित हैं।

(1) यदि किसी कोण की माप डिग्रीपरक माप में है, तो डिग्रियों की

* कई पाठ्यपुस्तकों में इस बात पर अधिक जोर दिया जाता है कि रेडियनी माप में कोण किन्हीं *अमूर्त संख्याओं* द्वारा नापा जाता है। इससे रेडियनी तथा डिग्री परक नापों के बीच एक खाई बन जाती है और यह गलत है। दोनों ही प्रणालियों में कोण को *कोण से (इकाई कोण से)* नापा जाता है। एक इकाई का नाम डिग्री रखा गया है और दूसरी का रेडियन, पर इससे वस्तु स्थिति पर कोई असर नहीं पड़ता।

उपरोक्त कथन (कि, रेडियनी माप कोई अमूर्त संख्या है) का एक ही तर्कसंगत अर्थ हो सकता है : कोण की रेडियनी माप दो लंबाइयों की *तुलना* है, जो लंबाई की इकाई पर निर्भर नहीं करती। पर कोण की डिग्रीपरक माप भी दो लंबाइयों की तुलना है (कोण के बीच का चाप *बटा* उसी त्रिज्या वाली पूर्ण परिधि का 360 वां भाग) और यह भी लंबाई की इकाई के चयन पर निर्भर नहीं करती; यह तुलना (व्यतिमान) चाप और त्रिज्या की तुलना (व्यतिमान) से किसी भी अर्थ में बुरी या घटिया नहीं कही जा सकती है।

संख्या म $\frac{\pi}{180} \approx 0.017453$ से गुणा करते हैं, मिनटों की संख्या में $\frac{\pi}{180 \cdot 60} \approx 0.000291$ से गुणा करते हैं; सेकेंडों की संख्या में $\frac{\pi}{180 \cdot 60 \cdot 60} \approx 0.000005$ से गुणा करते हैं और तीनों गुणनफलों को आपस में जोड़ लेते हैं।

उदाहरण 1. $12^\circ\ 30'$ **के कोण की रेडियनी माप चौथे दशमलव अंक की शुद्धता से ज्ञात करें।**

हल. 12 में $\frac{\pi}{180}$ से गुणा करते हैं। चूंकि 12 से गुणा करने पर परम त्रुटि करीब दस गुनी अधिक बढ़ जायेगी, इसलिए $\frac{\pi}{180}$ के मान में पाँचवें दशमलव अंक को भी ध्यान में रखना चाहिए (तुलना करें § 55 से) :

$$12 \cdot 0.01745 = 0.2094.$$

अब 30 में $\frac{\pi}{180 \cdot 60}$ से गुणा करते हैं; यहां गुणक के छठे दशमलव अंक के प्रभाव को भी ध्यान में रखना पड़ेगा :

$$30 \cdot 0.000291 \approx 0.0087.$$

अतः $12^\circ 37' = 0.2094 + 0.0087 = 0.2181.$

कलन सरल करने के लिए सारणी 8 (पृष्ठ 52) का उपयोग किया जा सकता है; इसमें चौथे दशमलव अंक तक की शुद्धता से मान दिये गये हैं। प्रथम स्तंभ ("डिग्री") में स्थित संख्या 12 के सामने संख्या 0.2094 प्राप्त करते हैं और अंतिम से दूसरे स्तंभ ("मिनट") में स्थित संख्या 30 के सामने अंकित 0.0087 प्राप्त करते हैं।

आलेख :

$$\begin{aligned} 12^\circ &= 0.2094 \\ 30' &= \underline{0.0087} \\ &\ 0.2181 \end{aligned}$$

उदाहरण 2. कोण $217^\circ 40'$ की रेडियनी माप ज्ञात करें।

उसी सारणी की सहायता से :

$$\begin{aligned} 200^\circ &= 3.4907 \\ 17^\circ &= 0.2967 \\ 40' &= 0.0116 \\ \hline & \quad 3.7990 \end{aligned}$$

(2) किसी कोण की रेडियनी माप के सहारे उसकी डिग्रीपरक माप ज्ञात करने के लिए रेडियनों की संख्या में $\frac{180^\circ}{\pi} \approx 57^\circ.296$, अर्थात् $57^\circ 17' 45''$ से गुणा करते हैं (यदि कोण 2 रेडियन से अधिक नहीं है और 0.5′ तक की शुद्धता से परिणाम मिलने चाहिए, तो गुणक को 57° 30′ के सन्निकृत किया जा सकता है, क्योंकि हर 0.004 डिग्री में करीब चौथाई मिनट की त्रुटि रहेगी)।

उदाहरण 3. कोण 1.360 रेडियन की डिग्रीपरक माप 1′ तक की शुद्धता से ज्ञात करें।

हल. $1.360 \cdot 57^\circ.30 = 77^\circ.93 = 77^\circ 56'$.

कलन सरल करने के लिए सारणी 9 (पृष्ठ 53) का उपयोग कर सकते हैं। सारणी से :

1	रेडियन	= 57°18′
0.3	,,	= 17°11′
0.060	,,	= 3°26′
		77°55′*

उदाहरण 4. 6.485 रेडियन कोण की डिग्रीपरक माप ज्ञात करें।

सारणी की सहायता से :

6	रेडियन	= 343°46′
0.4	,,	= 22°55′
0.08	,,	= 4°35′
0.005	,,	= 0°17′
		371°33′ (चरम त्रुटि = 2′)

* 1′ के अंतर का कारण है योज्य पदों की त्रुटियों का संयोजन; दे. § 53.

तीछ कोण के त्रिकोणमितिक फलन

किसी भी त्रिभुज के प्रश्न को अंततोगत्वा समकोण त्रिभुज के प्रश्न के रूप में देखा जाता है। समकोण त्रिभुज ABC में उसकी किन्हीं दो भुजाओं का व्यतिमान पूर्णतया उसके किसी एक तीछ (न्यून) कोण (जैसे $\angle A$, चित्र 219) के मान पर निर्भर करता है। समकोण त्रिभुज की भुजाओं में से दो-दो के व्यतिमान ही उसके तीछ कोण के त्रिकोणमितिक फलन कहलाते हैं। कोण A से संबंधित इन फलनों के नाम और द्योतन निम्न हैं [लंब विचाराधीन कोण A के सामने की भुजा a है, आधार कोण A के साथ की भुजा b है, कर्ण समकोण के सामने की भुजा c है] :

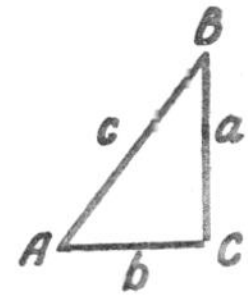

चित्र 219

(1) ज्या (अर्धज्या) : $\sin A = \frac{a}{c}$ (लंब और कर्ण का व्यतिमान)

(2) कोज्या (कोटिज्या) : $\cos A = \frac{b}{c}$ (आधार और कर्ण का व्यतिमान)

(3) स्पज (स्पर्शज्या) : $\tan A = \frac{a}{b}$ (लंब और आधार का व्यतिमान)

(4) कोस्पज (कोटि स्पर्शज्या) : $\cot A = \frac{b}{a}$ (आधार और लंब का व्यतिमान)

(5) व्युक (व्युत्क्रम कोटिज्या) : $\sec A = \frac{c}{b}$ (कर्ण और आधार का व्यतिमान)

(6) व्युज (व्युत्क्रम ज्या) : $\operatorname{cosec} A = \frac{c}{a}$ (कर्ण और लंब का व्यतिमान)

[टिप्पणी 1. कोटि का अर्थ है– '90° के दो समान भागों में से एक'; यहां पर : 'पूरक कोण की'।

2. रूसी विज्ञान साहित्य में स्प तथा कोस्प को क्रमशः tg (टैंजेंट) तथा ctg (कोटैंजेंट) से द्योतित करने की प्रथा है।

3. व्युक और व्युज के लातीनी नामों के अनुवाद क्रमशः 'कर्तक' और 'कोटिकर्तक' होंगे।]

कोण A के पूरक कोण B के लिए इन व्यतिमानों के नाम निम्न प्रकार से बदल जाते हैं :

$$\sin B=\frac{b}{c}, \cos B=\frac{a}{c}, \tan B=\frac{b}{a};$$

$$\cot B=\frac{a}{b}, \sec B=\frac{c}{a}, \operatorname{cosec} B=\frac{a}{b}.$$

कुछ कोणों के लिए उनकी त्रिकोणमितिक राशियों के शुद्ध व्यंजन लिखे जा सकते । निम्न सारणी में चंद महत्त्वपूर्ण स्थितियां दी गयी हैं :*

A	$\sin A$	$\cos A$	$\tan A$	$\cot A$	$\sec A$	$\operatorname{cosec} A$
$0°$	0	1	0	∞	1	∞
$30°$	$\frac{1}{2}$	$\frac{\sqrt{3}}{2}$	$\frac{1}{\sqrt{3}}$	$\sqrt{3}$	$\frac{2}{\sqrt{3}}$	2
$45°$	$\frac{\sqrt{2}}{2}$	$\frac{\sqrt{2}}{2}$	1	1	$\sqrt{2}$	$\sqrt{2}$
$60°$	$\frac{\sqrt{3}}{2}$	$\frac{1}{2}$	$\sqrt{3}$	$\frac{1}{\sqrt{3}}$	2	$\frac{2}{\sqrt{3}}$
$90°$	1	0	∞	0	∞	1

* 0° और 90° के कोण सही अर्थ में समकोण त्रिभुज के तीछ्ण कोण नहीं हो सकते । पर त्रिकोणमितिक फलनों की अवधारणा को और व्यापक करने पर (दे० नीचे) इन कोणों के लिए भी त्रिकोणमितिक फलनों के मानों पर विचार किया जाता है । दूसरी ओर से, त्रिभुज का एक तीछ्ण कोण यथासंभव 90° के निकट होता जा सकता है; इस स्थिति में दूसरा तीछ्ण कोण शून्य के निकट होता जायेगा । तब त्रिकोणमितिक फलनों के तदनुरूप मान सारणी में दिये गये मानों के निकट होते जायेंगे ।

चिह्न ∞. जो इस सारणी में प्रयुक्त हुआ है, यह इंगित करता है कि जब कोण का मान सारणी में ∞ के लिए दिये गये मान के निकट पहुँचने लगता है, तो प्रत्त राशि का मान असीम बढ़ने लगता है । जब कहते हैं कि राशि "अनंत हो जाती है", तो इसका तात्पर्य यही है (तुलना करें § 38, § 219 से) ।

इस सारणी का सैद्धांतिक महत्त्व ही ज्यादा है; इसका व्यावहारिक महत्त्व बहुत कम है, क्योंकि इसमें ऐसे मूल दिये गये हैं, जिनका शुद्ध मान निकालना संभव नही है। अधिकांश कोणों के लिए त्रिकोणमितिक फलनों के शुद्ध सांख्यिक मान मूलों की सहायता से भी नहीं लिखे जा सकते। पर उनके सन्निकट मान किसी भी कोटि की शुद्धता से ज्ञात किये जा सकते हैं (दे. § 205)। इनके कलन के लिए बहुत अधिक श्रम की आवश्यकता पड़ती है, इसीलिए उन्हें हमेशा के लिए एक ही बार कलित कर लिया गया है और कलनफल सारणी-बद्ध कर दिये गये हैं। ज्या-कोज्या की सारणी देखें § 6 में (पृष्ठ 40), स्प-कोस्प की सारणी देखें § 7 में (पृष्ठ 44)।

कोण द्वारा त्रिकोणमितिक फलन ज्ञात करना*

(1) **ज्या और कोज्या.** § 6 की सारणी (पृष्ठ 40) में ज्या के मान 0° से 90° तक के कोणों के मान हर 1′ के अंतराल पर चार अंकों की शुद्धता से दिये गये हैं। चूँकि किसी कोण की कोज्या उस कोण के पूरक कोण की ज्या के बराबर होती है। (दे. § 184), इसलिए इसी सारणी द्वारा हर 1′ के अंतराल पर 90° से 0° तक के सभी कोणों की कोज्या भी ज्ञात हो सकती है।

ज्या का मान ढूंढ़ते वक्त डिग्री की संख्या बायें स्तंभ—"कोण"—में देखते हैं और मिनट की सन्निकृत संख्या (0′, 10′, 20′, 30′, 40′, 50′, 60′) ऊपर से देखते हैं (यह याद दिलाने के लिए ही सारणी के ऊपर "ज्या" लिखा गया है)। *कोज्या का मान* ढूंढ़ते वक्त डिग्री की संख्या दायें स्तंभ—"कोण"— में देखते हैं और मिनट की सन्निकृत संख्या *नीचे से* ऊपर की ओर देखते हैं (यह याद दिलाने के लिए सारणी के नीचे "कोज्या" लिखा जाता है)। सानुरूप पंक्ति और स्तंभ के कटाव पर इष्ट फल होता है। मुख्य सारणी में अनुपस्थित मिनट की संख्या (1 से 9) के लिए अंतर्वेशन की विधि से प्राप्त सुधार का उपयोग करते हैं। जिस पंक्ति में मुख्य फल मिला है, उसी पंक्ति में सारणी के अनुच्छेद "संशोधन" में यह मिल जायेगा। यदि ज्या का मान ढूंढ़ा जा रहा है, तो संशोधन को मुख्य फल में जोड़ देते हैं। यदि कोज्या ज्ञात किया जा रहा है तो संशोधन को मुख्य फल में से घटा लेते हैं (क्योंकि कोण का मान बढ़ने पर ज्या का मान बढ़ता है और कोज्या का मान घटता है)।

---

* यदि कोण रेडियनी माप में व्यक्त है, तो पहले उसे डिग्रीपरक माप में परिवर्तित कर लेते हैं (दे. § 183)।

उदाहरण 1. $\sin 53°40'$ का मान ज्ञात करें।

बायें स्तंभ में $53°$ लेते हैं और *ऊपरी* पंक्ति में $40'$ लेते हैं। कटान-स्थल पर 0.8056 मिलता है। संशोधन की आवश्यकता नहीं है :

$$\sin 53°40' = 0.8056.$$

उदाहरण 2. $\cos 63°10'$ ज्ञात करें।

दायें स्तंभ में $63°$ लेते हैं और *निचली* पंक्ति में $10'$। कटान पर 0.4514 मिलता है। सुधार की जरूरत नहीं है :

$$\cos 63°10' = 0.4514.$$

उदाहरण 3. $\sin 62°24'$ ज्ञात करें।

बायें स्तंभ में $62°$ लेते हैं और ऊपरी पंक्ति में $20'$। कटान पर मुख्य फल 0.8857 है। इसी पंक्ति में "संशोधन" के अंतर्गत (स्तंभ $4'$ में) संख्या 5 दी गयी है; इसका अर्थ है 0.0005 (अर्थात् 5 दशमलव बिंदु के बाद का चौथा अंक है)। मुख्य फल में इसे जोड़ने पर 0.8862 प्राप्त होता है।

आलेख :

$$\begin{array}{r} \sin 62°20' = 0.8857 \\ +4' = \quad +5 \\ \hline \sin 62°24' = 0.8862 \end{array}$$

उदाहरण 4. $\cos 42°16'$ ज्ञात करें।

$42°$ *दायें* स्तंभ में देखते हैं और $16'$ *निचली* पंक्ति में। कटान पर मुख्य फल 0.7412 है। इसी पंक्ति में "संशोधन" के अंतर्गत स्तंभ $6'$ में संख्या 12 है। मुख्य फल में से इसे घटाने पर 0.7400 मिलेगा।

आलेख :

$$\begin{array}{r} \cos 42°10' = 0.7412 \\ +6 = \quad -12 \\ \hline \cos 42°16' = 0.7400. \end{array}$$

(2) **स्पज और कोस्पज.** § 7 की सारणी (पृष्ठ 44) में हर $1'$ के अंतराल पर $0°$ से $90°$ तक के सभी कोणों के लिए स्पज के मान दिये हैं। $0°$ से $76°$ के अंतराल में सारणी ज्या-सारणी की तरह ही है। $76°$ से $90°$ के अंतराल के लिए (जिसमें स्पज में परिवर्तन बहुत ही अनियमित प्रकार से होता है)। "संशोधन" नहीं दिया गया है, मुख्य सारणी को ही अधिक विस्तार से दिया गया है।

चूंकि कोण का स्पज पूरक कोण के कोस्पज के बराबर होता है (§ 184), इसलिए इसी सारणी में कोस्पज के मान भी हर $1'$ के अंतराल पर $90°$ से $0°$

तक के सभी कोणों के लिए ज्ञात किये जा सकते हैं। स्पर्ज का मान ढूँढ़ने की विधि वैसी ही है, जैसी ज्या-सारणी में ज्या का मान ढूढ़ने की विधि है; कोस्पज कोज्या की तरह ज्ञात किया जाता है।

उदाहरण 1. tan $82^\circ 18'$ ज्ञात करें।

बायें स्तंभ में कोण $62^\circ 10'$ ढूँढ़ते हैं, और ऊपरी पंक्ति में $8'$। कटान पर मुख्य फल मिलता है :

$$\tan 82^\circ 18' = 7.396.$$

उदाहरण 2. cot $12^\circ 35'$ का मान ज्ञात करें।

दायें स्तंभ में कोण $12^\circ 30'$ है और निचली पंक्ति में $5'$ है। कटान पर :

$$\cot 12^\circ 35' = 480.$$

उदाहरण 3. cot $58^\circ 36'$ ज्ञात करें।

दायें स्तंभ में 58° हैं और निचली पंक्ति में $30'$ हैं। कटान पर 0.6128 मिलता है। इसी पंक्ति के "संशोधन" के अंतर्गत (नीचे से स्तंभ $6'$ में) संख्या 24 है। इसे 0.6128 में से घटाने पर 0.6104 मिलेगा।

आलेख :

$$\begin{aligned} \cot 58^\circ 30' &= 0.6128 \\ +6' &= \;\; -24 \\ \hline \cot 58^\circ 36' &= 0.6104. \end{aligned}$$

उदाहरण 4. tan $48^\circ 43'$ ज्ञात करें।

आलेख :

$$\begin{aligned} \tan 48^\circ 40' &= 1.1369 \\ +3' &= \;\; +20 \\ \hline \tan 48^\circ 43' &= 1.1389. \end{aligned}$$

त्रिकोणमितिक फलन द्वारा उसका कोण ज्ञात करना

प्रत्त ज्या तथा कोज्या का कोण ज्या-सारणी (§ 6, पृष्ठ 40) से ज्ञात करते हैं और स्पज तथा कोस्पज का कोण स्पज-सारणी (§ 7, पृष्ठ 44) से ज्ञात करते हैं। किसी स्तंभ में प्रत्त मान ढूढ़ते हैं (जैसे ऊपर से $0'$ वाले स्तंभ में); इस स्तंभ की किसी पंक्ति में या तो प्रत्त मान मिल जायेगा, या इसके निकट की कोई संख्या मिलेगी। प्रथम स्थिति में ज्या का कोण बायें स्तंभ में (उसी पंक्ति में) मिलेगा और कोज्या का कोण डिग्री में दायें स्तंभ में मिलेगा; मिनटों की संख्या ज्या के लिए ऊपरी पंक्ति में देखते हैं और कोज्या के लिए निचली

पंक्ति में (तुलना करें § 185 से)। दूसरी स्थिति में देखते हैं कि कहीं आस-पास और निकट की संख्या तो नहीं है। इनमें से निकटतम मान का तदनुरूप कोण (डिग्री और मिनट में; ज्या के लिए बायें स्तंभ और ऊपरी पंक्ति में और कोज्या के लिए दायें स्तंभ और निचली पंक्ति में) ढूँढ़ लेते हैं और इसमें आवश्यक सुधार (संशोधन) करते हैं। इसमें यह याद रखना चाहिए कि ज्या तथा स्पज के लिए सुधार धनात्मक होते हैं और कोज्या तथा कोस्पज के लिए—ऋणात्मक।*

उदाहरण 1. तीछ (न्यून) कोण α ज्ञात करें, यदि $\cos\alpha = 0.7173$ है।

ज्या-सारणी (§ 6) में ऊपर $0'$ अंकित स्तंभ में प्रत्त मान की सन्निकट संख्या 0.7193 देखते हैं। इससे कूछ दूर 0.7173 भी है, जो प्रत्त मान है। डिग्री दायें स्तंभ में देखते हैं और मिनट निचली पंक्ति में, जिससे $\alpha = 44°10'$ मिलता है।

उदाहरण 2. तीछ कोण α ज्ञात करें, यदि $\cos\alpha = 0.2643$ है।

ज्या-सारणी (§ 6) में निकटतम मान 0.2644 है। यह प्रत्त मान से 0.0001 का अंतर रखता है, पर सारणी के अनुच्छेद "संशोधन" में अल्पतम संख्या 3 (= 0.0003) है (यह $1'$ के अनुकूल सुधार है)। इसलिए सुधार की उपेक्षा करते हैं। दायें स्तंभ से डिग्री और बायें स्तंभ से मिनट लिख लेते हैं : $\alpha = 74°40'$.

उदाहरण 3. तीछ कोण α ज्ञात करें, यदि $\cos\alpha = 0.7458$ है।

इसका निकटतम सारणीगत मान 0.7451 है, जो $41°50'$ कोण के अनुरूप है। प्रत्त मान इससे दशमलव के चौथे अंक में 7 इकाई से इतर है। इसी पंक्ति में "संशोधन" के अंतर्गत संख्या 6 और 8 हैं; ये संशोधन क्रमश: $3'$ और $4'$ के अनुकूल हैं। किसी एक को प्रयुक्त करते हैं; कोण $41°50'$ में से $3'$ घटाने पर $41°47'$ मिलता है (यह इष्ट कोण से नगण्य ज्यादा है), $41°50'$ में से $4'$ घटाने पर $41°46'$ मिलता है (यह इष्ट कोण से नगण्य कम है)।

आलेख :

$$\begin{array}{rl} 0.7451 = & \cos 41°50' \\ +7 \quad & \quad -3' \\ \hline 0.7458 = & \cos 41°47' \end{array}$$

उदाहरण 4. तीछ कोण ज्ञात करें, यदि $\tan\alpha = 4.827$ है।

---

* इसके बाद यदि जरूरत हो, तो कोण को रेडियनी माप में व्यक्त कर लेते हैं (दे. § 183)।

स्पज-सारणी (§ 7) में निकटतम कम मान 4.822 है और निकटतम अधिक मान 4.826 है। चूंकि दूसरा मान प्रत्त मान के ज्यादा निकट है, इसलिए उसे ही लेते हैं। बायें स्तंभ में डिग्री 78° 10′ है और ऊपरी पंक्ति में 8′ है। अतः $\alpha = 78°\ 18'$ है।

ऋजकोणिक त्रिभुजों के हल

1. दो भुजाओं द्वारा. यदि ऋजकोणिक (समकोण) त्रिभुज की दो भुजाएं प्रत्त हैं, तो तीसरी भुजा पीथागोरस के प्रमेय (§ 149) से ज्ञात हो जाती है। तीछ (न्यून) कोणों का मान § 184 के प्रथम तीन सूत्रों में से किसी की सहायता से निर्धारित कर सकते हैं (यह इस बात पर निर्भर करता है कि कौन-सी भुजाएं प्रत्त हैं)। उदाहरणतया, यदि संलंब a तथा b प्रत्त हैं, तो तीछ कोण A को सूत्र

$$\tan A = \frac{a}{b}$$

से ज्ञात कर सकते हैं। तीछ कोण के लिए $B = 90° - A$ सूत्र का इस्तेमाल करते हैं।

स्थिति I. संलंब $a = 0.528$ m और कर्ण $c = 0.697$ m दिया गया है।

(1) संलंब b का निर्धारण :

$$b = \sqrt{c^2 - a^2} = \sqrt{0.697^2 - 0.528^2} \approx 0.455 \text{ m}.$$

(2) कोण A का निर्धारण :

$$\sin A = \frac{a}{c} = \frac{0.528}{0.697} \approx 0{\cdot}757.$$

ज्या-सारणी से ज्ञात करते हैं : $A \approx 49°\ 10'$ (चरम त्रुटि 5′ है)। एक मिनट तक की शुद्धता से A का मान ज्ञात करना निरर्थक है, क्योंकि यदि a तथा c के प्रत्त मानों को सन्निकृत मान के रूप में देखा जाये, तो भागफल $\frac{a}{c} \approx 0{\cdot}757$ में तीसरे अंक का भी भरोसा नहीं किया जा सकता (§ 57)।

(3) कोण B का निर्धारण :

$$B = 90° - A \approx 90° - 49°\ 10' = 40°\ 50'.$$

स्थिति II. संलंब $a = 8.3$ cm, $b = 12.4$ cm प्रत्त हैं।

(1) कर्ण c का निर्धारण :

$$c=\sqrt{a^2+b^2}=\sqrt{8.3^2+12.4^2}\approx 14.9 \text{ cm}.$$

(2) कोण A का निर्धारण :

$$\tan A=\frac{a}{b}=\frac{8.3}{12.4}\approx 0.67;\ A\approx 34^\circ.$$

(3) कोण B का निर्धारण :

$$B=90^\circ-A\approx 90^\circ-34^\circ=56^\circ.$$

2. एक भुजा और एक तीक्ष्ण कोण द्वारा. यदि तीक्ष्ण (न्यून) कोण A प्रत्त है, तो B को सूत्र $B=90^\circ-A$ से ज्ञात कर सकते हैं। भुजाएं § 184 के सूत्रों से ज्ञात हो सकती हैं, जिन्हें निम्न रूप में लिखते हैं :

$$a=c\sin A,\ b=c\cos A,\ a=b\tan A,$$
$$b=c\sin B,\ a=c\cos B,\ b=a\tan B.$$

सूत्र ऐसे चुनते हैं, जिनमें प्रत्त या बाद में ज्ञात हुई भुजा उपस्थित हो।

स्थिति III. कर्ण $c=79.79$ m और तीक्ष्ण कोण $A=66^\circ 36'$ प्रत्त हैं।

(1) कोण B का निर्धारण :

$$B=90^\circ-A=90^\circ-66^\circ 36'=23^\circ 24'.$$

(2) संलंब a का निर्धारण :

$$a=c\sin A=79.79\cdot\sin 66^\circ 36'=79.79\cdot 0.9178\approx 73.23\text{m}.$$

(3) संलंब b का निर्धारण :

$$b=c\cos A=79.79\cdot 0.3971\approx 31.68 \text{ m}.$$

स्थिति IV, संलंब $a=12.3$ m और तीक्ष्ण कोण $A=63^\circ 00'$ प्रत्त हैं।

(1) कोण B का निर्धारण :

$$B=90^\circ-63^\circ 00'=27^\circ 00'.$$

(2) संलंब b का निर्धारण :

$$b=a \operatorname{tg} B=12.3 \operatorname{tg} 27^\circ 00'=12.3\cdot 0.509\approx 6.26 \text{ m}.$$

(3) कर्ण c का निर्धारण :

$$c=\frac{a}{\sin A}=\frac{12.3}{\sin 63^\circ 00'}=\frac{12.3}{0.891}\approx 13.8 \text{ m}.$$

त्रिकोणमितिक फलन के लगरथों की सारणी

समकोण त्रिभुज हल करने में हमेशा गुणा-भाग भी करना पड़ता है। बहुत अधिक शुद्धता से परिणाम ज्ञात करने में काफी समय लगता है (उदाहरणतया, जब चार-अंकी संख्याओं के साथ संक्रिया करनी पड़ती है)। काम उबाने वाला भी है, जिससे अक्सर गलतियां होने लगती हैं। लगरथों की सहायता से संक्रिया करने पर श्रम और समय की बचत होती है। लगरथी कलन में त्रिकोणमितिक मानों की सारणी के बदले उनके लगरथों की सारणी का उपयोग होता है; इसमे समय की बहुत बचत होती है (यथा, कोण की ज्या को ज्या-सारणी में ढूँढ़ने के बाद लगरथी-सारणी में उसका लगरथ ढूंढ़ने की बजाय सीधे उस कोण की ज्या का लगरथ ज्ञात कर लेते हैं)।

§ 5(पृ. 32) की सारणी में ज्या, कोज्या, स्पज, कोस्पज के लगरथों के मान हर $10'$ के अंतराल पर चौथे दशमलव अंक की शुद्धता से दिये गये हैं। यदि कोण $45°$ से अधिक नहीं है, तो आवश्यक फलन का नाम ऊपर से लेते हैं और कोण का मान बायें से। यदि कोण $45°$ से अधिक है, तो आवश्यक फलन का नाम नीचे से देखते हैं और कोण का मान दायें से।

इसी सारणी की सहायता से त्रिकोणमितिक फलनों के लगरथ हर $1'$ के अंतराल पर भी कलित किये जा सकते हैं। कलन की विधि (दे. §§ 189, 190) निम्न तथ्य पर आधारित है : $10'$ के अंतराल में कोण का परिवर्तन lg sin, lg cos, lg tan और lg cot में परिवर्तन का समानुपाती माना जा सकता है। इस मान्यता के कारण उत्पन्न त्रुटि सामान्यतः चौथे दशमलव अंक को प्रभावित नहीं करती है। अपवाद हैं सिर्फ lg sin और lg tan – $0°$ के निकटवर्ती ($0°$ से $4°$ तक के) कोणों के लिए और lg cos तथा lg cot के मान $90°$ के निकटवर्ती ($86°$ से $90°$ तक के) कोणों के लिए। इन कोणों के लिए त्रुटि प्रभावशाली हो उठती है।

एक उदाहरण द्वारा यह समझाते हैं। कोण को $12°20'$ से $12°30'$ तक बढ़ाने पर lg sin का मान $\bar{1}.3296$ से $\bar{1}.3356$ तक बढ़ जाता है (अर्थात् वृद्धि 0.0057 है)। कोण में पहले से दुगुनी वृद्धि होने पर, अर्थात् कोण को $12°20'$ से $12°40'$ तक बढ़ाने पर* lg sin का मान $\bar{1}.3296$ से

* हम लोगों ने कोण की वृद्धि को $10'$ के अंतराल में सीमित नहीं रखा है, ताकि अधिक ब्योरेवार सारणी का प्रयोग न करना पड़े। $0'$ के अंतराल में तो समानुपातिकता और भी स्पष्ट होगी।

$\bar{1}.3410$ तक बढ़ता है (अर्थात् lg sin में वृद्धि 0.0114 है)। यह वृद्धि पिछली से दुगुनी है।

कोण में 10′ की वृद्धि के लिए lg sin के तदनुरूप परिवर्तन कलन करने की आवश्यकता नहीं होती। वे सारणी में प्रदत्त हैं—वर्ण d से अंकित* स्तंभों में। यथा, स्तंभ lg sin में 12°20′ के सामने $\bar{1}.3296$ अंकित है और 12°30′ के समान $\bar{1}.3353$ अंकित है। अंतर $\bar{1}.3353 - \bar{1}.3296 = 0.0057$ बायें स्तंभ d में $\bar{1}.3296$ तथा $\bar{1}.3353$ के बीच लिखा गया है (संक्षेपण के लिए सिर्फ 57 के रूप में)।

ये ही अंतर (लेकिन ऋण चिह्न के साथ) lg cos में परिवर्तन व्यक्त करते हैं, जो कोण में 10′ के परिवर्तन के अनुकूल होता है। इस प्रकार, वही अंकन 57 कोण में 77°30′ से 77°40′ तक की वृद्धि के लिए lg cos का ह्रास व्यक्त करता है।

lg tan और lg cot के लिए अंतर शीर्षक d.c. वाले बिचले स्तंभ में दिये गये हैं।** ये एक ही साथ अगल-बगल के दो स्तंभों के काम आते हैं। यथा, lg tan 12°30′ lg tan 12°20′ तथा lg tan 77°40′ – lg tan 77°30′ दोनों ही एक (सामूहिक) अंतर 0.0061 के बराबर हैं, जो स्तंभ d.c. में तदनुरूप पंक्तियों के बीच अंकित है। संख्या 0.0061 इसके साथ-साथ lg cot का ह्रास भी है, जो कोण में 12°20′ से 12°30′ तक और 77°30′ से 77°40′ तक की वृद्धि के अनुरूप है।

स्तंभ d तथा d.c. में अंकित संख्याओं को "**सारणीगत अंतर**" कहते हैं।

कोण द्वारा त्रिकोणमितिक फलन का लगरथ ज्ञात करना†

मिनटों की शून्यात संख्या (0′, 10′, 30′, 40′, 50′) वाले कोणों के लिए इष्ट मान (0.0001 तक की शुद्धता से) सीधे सारणी से प्राप्त कर लेते हैं, जिसका वर्णन पिछले अनुच्छेद में किया गया है। अन्य कोणों के लिए समानुपातन का कलन (अंतर्वेशन) किया जाता है।

---

* d लातीनी शब्द differentia (=अन्तर) का प्रथम वर्ण है।

** d c. से तात्पर्य है differentia communis—सामूहिक अन्तर।

† यदि कोण रेडियनी माप में प्रन्त हैं, तो उसे डिग्रीपरक माप में परिवर्तित कर लेते हैं (§ 183)।

इसमें यह याद रखना चाहिए कि sin तथा tan के लिए कोण और लगरथ के संशोधनों के चिह्न समान होते हैं, cos तथा cot के लिए विपरीत होते हैं ।

उदाहरण 1. lg cos 24° 13′ ज्ञात करें ।

प्रत्त कोण 45° से कम है, अतः उस स्तंभ का उपयोग करते हैं, जिसके ऊपर lg cos लिखा हुआ है । इस स्तंभ में lg cos 24°10′ = $\bar{1}$.9602 मिलता है ।* सारणीगत अंतर (बायें स्तंभ d की संख्या) (= lg cos 24° 10′ − lg cos 24° 20′) = 0.0006 है । 3′ के लिए संशोधन x ज्ञात करते हैं । अनुपात

$$x : 0.0006 = 3' : 10'$$

से
$$x = 0.0006 \cdot 0.3 \approx 0.002.$$

यह संशोधन $\bar{1}$.9602 में से घटा कर प्राप्त करते हैं :

$$\lg \cos 24^\circ 13' \approx \bar{1}.9600.$$

आलेख :

$$\begin{aligned} \lg \cos 24^\circ 10' &= \bar{1}.9602 \ (d=6) \\ +3' &= \quad -2 \\ \hline \lg \cos 24^\circ 13' &= \bar{1}.9600 \end{aligned}$$

टिप्पणी संशोधन ज्ञात करने के लिए लिखित रूप में कलन करने की आवश्यकता नहीं है । मिनट की संख्या को सारणीगत अंतर से मन ही मन गुणा करके गुणनफल को सन्निकृत कर लेना और अंत के शून्यों को हटा लेना काफी रहता है । हमारे उदाहरण में 3 और 6 के गुणनफल को 20 तक सन्निकृत करके संशोधन 2 प्राप्त कर लेते हैं ।

उदाहरण 2. lg tan 57° 48′ ज्ञात करें ।

प्रत्त कोण 45° से अधिक है, इसलिए नीचे से lg tan α शीर्षक वाले स्तंभ का उपयोग करते हैं, जिससे lg tan 57° 50′ = 0.2014 प्राप्त होता है । d.c (= lg tan 57° 50′ − lg tan 57° 40′) = 28 (अर्थात् 0.0028) है । 2′ की कमी रह जाती है, जिसके लिए संशोधन ज्ञात करते हैं । 28 में 2 से गुणा करते हैं (देखें पिछले उदाहरण की टिप्पणी) और सन्निकृत फल 60 प्राप्त करते हैं । शून्य हटा देने पर संशोधन 6 मिलता है; इसे 0.2014 में से घटा लेते हैं । अब lg tan 57° 48′ = 0.2008 मिलता है ।

---

* यह याद रखना चाहिए कि § 5 की सारणी में सारे लंछक 10 इकाई अधिक हैं, अर्थात् $\bar{1}$ की जगह 9 अंकित है, $\bar{2}$ की जगह 8 अंकित है, आदि ।

आलेख :

$$\begin{array}{r} \lg \tan 57^\circ 50' = 0.2014 \ (d.c. = 28) \\ -2' = \quad -6 \\ \hline \lg \tan 57^\circ 48' = 0.2008 \end{array}$$

टिप्पणी सारणी से lg tan 57 40′=0.1986 भी लिया जा सकता है; 8′ के लिए संशोधन 22(8.28≈220) ज्ञात करके उसे 0.1986 में जोड़ देने से भी वही परिणाम मिलेगा। लेकिन 28 में 8 से मन ही मन गुणा करना कठिन है (बनिस्बत कि 28 में 2 से गुणा करना) और इसमें गलती होने की भी संभावना रहती है।

उदाहरण 3. lg cot 65 17′ ज्ञात करें।

$$\begin{array}{r} \lg \cot 65^\circ 20' = \bar{1}.6620 \ (d.c. = 34) \\ -3' \quad +10 \\ \hline \lg \cot 65^\circ 17' = \bar{1}.6630 \end{array}$$

उदाहरण 4. lg sin 40°34′ ज्ञात करें।

$$\begin{array}{r} \lg \sin 40^\circ 30' = \bar{1}.8125 \ (d = 15) \\ +4' \quad +6 \\ \hline \lg \sin 40^\circ 34' = \bar{1}.8131 \end{array}$$

त्रिकोणमितिक फलन के लगरथ से कोण ज्ञात करना

§ 5 की सारणी के तदनुरूप स्तंभों में (हर फलन के मान दो स्तंभों में दिये गये हैं) या तो आवश्यक संख्या पाते हैं या उसके निकट की कोई संख्या पाते हैं; अंतिम स्थिति में सारणीगत अंतर भी लिख लेते हैं। यदि प्रत्त त्रिकोणमितिक फलन का नाम स्तंभ के ऊपर लिखा हुआ है (जिस स्तंभ में आवश्यक संख्या है), तो डिग्री और मिनट के दहले बायीं ओर देखते हैं; यदि फलन का नाम नीचे है, तो दायीं ओर देखते हैं। अंत में आवश्यकतानुसार अनुपात-कलन की सहायता से कोण के मान में संशोधन करते हैं (sin और tan के लिए संशोधनों के चिह्न वैसे ही होते हैं, जैसे उनके लगरथों के लिए; cos और cot के लिए विपरीत होते हैं।

उदाहरण 1 नीछ क ा α ज्ञात करें, यदि lg tan α = 0.2541 है। प्रत्त मान का निकटतम ान 0.2533 (सारणीगत अंतर d c. = 29) उस

स्तंभ में है, जिसमें **lg tan** नीचे लिखा गया है। इसीलिए दायें देखते हैं: $60°50'$। अंतिम अंक की फालतू 8 इकाइयों के लिए संशोधन x को अनुपात

$$x : 10' = 8 : 29$$

से प्राप्त करते हैं: $x = \frac{10' \cdot 8}{29} \approx 3'$; इस संशोधन को जोड़ने पर $\alpha = 60°53'$ प्राप्त होता है।

आलेख :

$$\lg \tan \alpha = 0.2541$$

$$\begin{array}{rl} 0.2533 = \lg \tan 60°50' & (d=29) \\ +8 \qquad\qquad\quad +3 & \\ \hline 0.2541 = \lg \tan 60°53' & \\ \alpha = 60°53' & \end{array}$$

टिप्पणी. संशोधन मन ही मन निम्न विधि से ज्ञात हो सकता है। प्रत्त मान और सारणीगत मान के अंतर (0.0008) को पूर्ण संख्या 8 मान लेते हैं अर्थात् बायीं ओर स्थित दशमलव-बिंदु और शून्यों पर ध्यान नहीं देते हैं। उसे दसगुना (80) करके उसमें सारणीगत अंतर 29 से भाग देते हैं। पूर्ण इकाइयों तक सन्निकृत भागफल—हमारे उदाहरण में 3—ही मिनटों में व्यक्त आवश्यक संशोधन है।

उदाहरण 2. तीछ्ण कोण α ज्ञात करें, यदि $\lg \cos \alpha = \bar{1}.4361$ है।

निकटतम सारणीगत मान $\bar{1}.4359$ है; सारणीगत अंतर $d = 44$ है। नाम lg cos नीचे लिखा हुआ है। इसीलिए दायें स्थित कोण $74°10'$ लेते हैं। प्रत्त और सारणीगत मानों के बीच के अंतर का दसगुना मान 20 है। भागफल $\frac{20}{44}$ (जो आधे से कम है) शून्य के बराबर सन्निकृत करते हैं।

अतः $\alpha = 74°10'$ है।

उदाहरण 3. तीछ्ण कोण α ज्ञात करें, यदि $\lg \cot \alpha = \bar{1}.6780$ है।

निकटतम सारणीगत मान $\bar{1}.6785$ है; सारणीगत अंतर 32 हैं। नाम lg cot नीचे लिखा हुआ है, इसलिए दायें स्थित कोण $64°30'$ लेते हैं। प्रत्त मान सारणीगत मान से 5 कम है। दसगुनी संख्या 50 में 32 से भाग देते हैं; सन्निकृत भागफल 2 के बराबर है। $2'$ जोड़ने पर $\alpha = 64°32'$ मिलता है।

आलेख :

$$\lg \cot \alpha = \bar{1}.6780$$

$$\begin{array}{rl} \bar{1}.6785 \quad \lg \cot 64°30' & (d=32) \\ -5 \qquad\qquad\quad +2' & \\ \hline \bar{1}.6780 \quad \lg \cot 64°32' & \end{array}$$

उदाहरण 4. तीछ्ण कोण α ज्ञात करें, यदि $\lg \sin \alpha = \bar{1}.7414$ है।

$$\lg \sin \alpha = \bar{1}.7414$$

$$\begin{aligned} \bar{1}.7419 &= \lg \sin 33^\circ 30' \ (d=19) \\ -5 \quad & \qquad\qquad -3' \\ \hline \bar{1}.7414 &= \lg \sin 33^\circ 27' \\ \alpha &= 33^\circ 27'. \end{aligned}$$

लगरथन द्वारा ऋजकोणिक त्रिभुज का हल

स्थिति I. प्रत्त हैं : कर्ण $c = 9.994$, संलंब $b = 5.752$; ज्ञात करें : a, B, A।

(1) B का निर्धारण :

$$\sin B = \frac{b}{c},$$

$$\begin{aligned} \lg b &= 0.7598 \\ -\lg c &= \bar{1}.0003 \\ \hline \lg \sin B &= \bar{1}.7601; \ B = 35^\circ 8'. \end{aligned}$$

(2) A का निर्धारण :

$$A = 90^\circ - B = 54^\circ 52'.$$

(3) a का निर्धारण :

$$a = b \tan A;$$

$$\begin{aligned} \lg b &= 0.7598 \\ \lg \tan A &= 0.1526 \\ \hline \lg a &= 0.9124; \ a = 8.173. \end{aligned}$$

स्थिति II. संलंब $a = 0.920$ और $b = 0.849$ प्रत्त हैं। कर्ण और तीछ्ण कोण ज्ञात करें।

(1) कोण B का निर्धारण :

$$\tan B = \frac{b}{a}.$$

$$\begin{aligned} \lg b &= \bar{1}.9289 \\ -\lg a &= 0.0362 \\ \hline \lg \tan B &= \bar{1}.9651; \ B = 42^\circ 42'. \end{aligned}$$

(2) कोण A का निर्धारण :

$$A=90^\circ-B=47^\circ 18'.$$

(3) कर्ण c का निर्धारण :

$$c=\frac{b}{\sin B},$$

$$\begin{array}{r} \lg b=\bar{1}.9289 \\ -\lg \sin B=0.1687 \\ \hline \lg c=0.0976;\ c=1.252. \end{array}$$

स्थिति III. प्रत्त : कर्ण $c=798.1$, तीछ कोण A $49^\circ 18'$ । a, b, B ज्ञात करें ।

(1) B का निर्धारण :

$$B=90^\circ-49^\circ 18'=40^\circ 42'.$$

(2) a का निर्धारण :

$$a=c \sin A;$$

$$\begin{array}{r} \lg c=2.9021 \\ \lg \sin A=\bar{1}.8797 \\ \hline \lg a=2.7818;\ a=605.1. \end{array}$$

(3) b का निर्धारण :

$$b=c \sin B;$$

$$\begin{array}{r} \lg c=2.9021 \\ \lg \sin B=\bar{1}.8143 \\ \hline \lg b=2.7164;\ b=520.5. \end{array}$$

स्थिति IV. प्रत्त : संलंब $a=324.6$, तीछ कोण $B=49^\circ 28'$ । ज्ञातव्य : b, c, A.

(1) A का निर्धारण :

$$A=90^\circ-B=90^\circ-49^\circ 28'=40^\circ 32'.$$

(2) b का निर्धारण :

$$b=a \tan B,$$

$$\begin{array}{r} \lg a=2.5113 \\ \lg \tan b=0.0680 \\ \hline \lg b=2.5793;\ b=379.6. \end{array}$$

(3) c का निर्धारण :

$$c=\frac{a}{\sin A};$$

$$\begin{array}{r} \lg a=2.5113 \\ -\lg \sin A=0.1872 \\ \hline \lg c=2.6985;\ c=499.5. \end{array}$$

ऋजकोणिक त्रिभुजों के हल का व्यावहारिक उपयोग

प्रश्न हल करने की उपरोक्त विधियों का प्रयोग करने के लिए सारणियों को अच्छी तरह से समझ लेना चाहिए और उनके सहारे सही-सही आवश्यक फल ज्ञात करना सीख लेना चाहिए। पर अपने आप में यह पर्याप्त नहीं है; दो और कठिनाइयां रह जाती हैं। पहली कठिनाई शुद्ध ज्यामितिक प्रकृति की है। *किसी भी प्रत्त ज्यामितिक आकृति में ऋजकोणिक त्रिभुजों को सरलता से देखने और पहचानने की, उसे अलग करने की विधि आनी चाहिए।* कुछ आम उदाहरण नीचे दिये जा रहे हैं।

उदाहरण 1. समद्विवाहु त्रिभुज ABC (चित्र 220) में आधार AC और पार्श्व की भुजा AB ज्ञात हैं। शीर्षस्थ कोण B ज्ञात करें।

ऊँचाई BD खींचते हैं, जो आधार AC और कोण B को समद्विभाजित करती है। AC ज्ञात होने के कारण $AD=\frac{AC}{2}$ भी ज्ञात है। ऋजकोणिक त्रिभुज ABD में संलंब AD और कर्ण AB के सहारे $\angle ABD$ ज्ञात करते हैं (§ 187 और § 190 में स्थिति I)। उसे दुगुना करने पर शीर्ष कोण B ज्ञात हो जाता है।

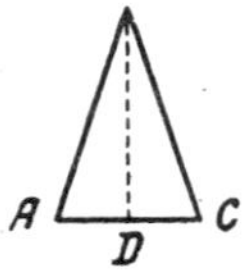

चित्र 220

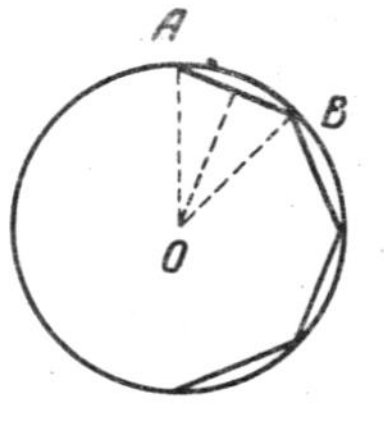

चित्र 221

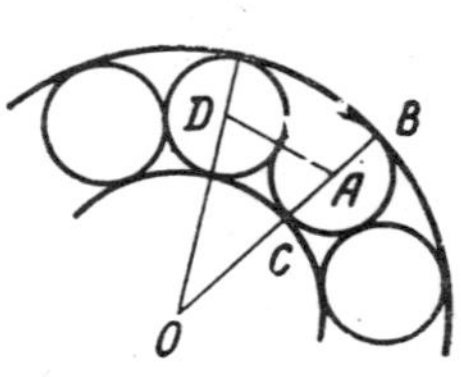

चित्र 222

उदाहरण 2. वृत्त की त्रिज्या R दी गयी है, उसमें अंतर्गत नियमित नौभुज की भुजा AB ज्ञात करें।

चापकर्ण AB के सिरों से त्रिज्या OA तथा OB खींचते हैं (चित्र 221), जिससे समद्विबाहु त्रिभुज OAB मिलता है। इस त्रिभुज में पार्श्विक भुजा $OA=R$ ज्ञात है। इसके अतिरिक्त, शीर्षस्थ कोण $\angle AOB=\frac{360^\circ}{9}=40^\circ$ है। त्रिभुज AOB को दो ऋजकोणिक त्रिभुजों में बाँटते हैं और पिछले प्रश्न की तरह इस प्रश्न को § 187 और § 190 की स्थिति III का रूप देते हैं।

दूसरी, सबसे अधिक महत्त्वपूर्ण, कठिनाई है प्रत्त समस्या को गणित की भाषा में व्यक्त करना।

उदाहरण 3. बाल-बेयरिंग के आंतरिक और बाह्य छल्लों के बीच 16 mm व्यास वाली 20 गोलियां अँट जायें, इसके लिए छल्लों का व्यास कितना होना चाहिए?

(समस्या को सरल करने के लिए यह मान लेते हैं कि गोलियां सटा-सटा कर रखी जायेंगी।)

इस उदाहरण में मुख्य समस्या है इसका गणितीय सार निर्धारित करना। चित्र 222 बनाकर देखते हैं कि गोली का व्यास $BC=16$ mm होने के कारण त्रिज्या $AB=AC=8$ mm है। इसके अतिरिक्त, दो पड़ोसी गोलियों के केन्द्रों तक खींची गयी त्रिज्याओं OA और OD के बीच का कोण $\frac{360^\circ}{20}=18^\circ$ है। दो पड़ोसी गोलियों के केंद्रों को मिलाने वाले कर्त AD की लंबाई 16 mm (एक गोली का व्यास) होनी चाहिए : $AD=16$ mm। अब हमें एक समद्विबाहु त्रिभुज AOD मिलता है, जिसमें आधार $AD=16$ mm और शीर्ष-कोण $\angle AOD=18^\circ$ ज्ञात है। इसे दो ऋजकोणिक त्रिभुजों में बाँट कर § 191 की स्थिति IV की तरह हल करते हैं। $OD=OA=51.1$mm प्राप्त होता है, जिससे बाह्य त्रिज्या :

$$OB=OA+AB=51.1+8=59.1 \text{ mm}$$

और आंतरिक त्रिज्या :

$$OC=OA-AC=43.1 \text{ mm}$$

ज्ञात होती हैं।

समान कोण वाले त्रिकोणमितिक फलनों के पारस्परिक संबंध

किसी तीछ कोण के लिए त्रिकोणमितिक फलनों में से किसी एक का मान ज्ञात होने पर नीचे दिये गये सूत्रों की सहायता से उसी कोण के लिए बाकी के

मान भी ज्ञात किये जा सकते हैं । लेकिन इन सूत्रों का वास्तविक महत्त्व यह है कि इनकी सहायता से अनेक सामान्य सूत्रों को सरल रूप देकर कलन प्रक्रिया को छोटा किया जा सकता है ।

$$\sin^2 \alpha + \cos^2 \alpha = 1; \qquad \tan \alpha \cdot \cot \alpha = 1;$$

$$\tan \alpha = \frac{\sin \alpha}{\cos \alpha}; \qquad \cot \alpha = \frac{\cos \alpha}{\sin \alpha};$$

$$\sin \alpha \cdot \operatorname{cosec} \alpha = 1; \qquad \cos \alpha \cdot \sec \alpha = 1;$$

$$\sec^2 \alpha = 1 + \operatorname{tg}^2 \alpha; \qquad \operatorname{cosec}^2 \alpha = 1 + \cot^2 \alpha;$$

$$\cos^2 \alpha = \frac{1}{1 + \tan^2 \alpha} = \frac{\cot^2 \alpha}{1 + \cot^2 \alpha};$$

$$\sin^2 \alpha = \frac{1}{1 + \cot^2 \alpha} = \frac{\tan^2 \alpha}{1 + \tan^2 \alpha}.$$

ये सूत्र किसी भी कोण वाले त्रिकोणमितिक फलनों के लिए सत्य हैं (दे. अगला अनुच्छेद) ।

मनचाहे कोण के त्रिकोणमितिक फलन

सिर्फ तीक्ष्ण कोण के त्रिकोणमितिक फलनों की सहायता से भी पूरी त्रिकोणमिति रची जा सकती है । लेकिन ऐसा करने पर तिरोकोणिक (या कुंदकोणिक) त्रिभुजों के हल तथा त्रिकोणमिति का उपयोग करने वाली अन्य समस्याओं में एक ही तरह के प्रश्न के लिए अनेकानेक अलग-अलग स्थितियों पर विचार करना होगा । हर प्रकार के प्रत्त कोण के लिए उसके मान के अनुसार हल की अलग विधि अपनानी पड़ेगी । इसके विपरीत, यदि ज्या, कोज्या, आदि, अवधारणाओं को इतना व्यापक बनाया जाए कि वे $0°$ से $180°$ तक के कोणों के लिए ही नहीं, इससे अधिक मान वाले कोणों के लिए भी, सिर्फ धनात्मक ही नहीं, ऋणात्मक कोणों के लिए भी उपयोगी हो सकें, तो विविध प्रश्नों का हल एकरूप हो जायेगा (ऋण, धन कोण देखें § 144 में) ।

कोणों को मापने के लिए वृत्त $ABA'B'$ (चित्र 223) खींचते हैं, जिसमें दो परस्पर लंब व्यास AA' ("प्रथम" व्यास) और BB' ("द्वितीय" व्यास) हैं । चाप बिंदु A से नापेंगे । घड़ी की सुई घूमने की दिशा को ऋण दिशा मानेंगे और इसकी विपरीत दिशा को धन दिशा मानेंगे ।

केंद्र O के गिर्द घूर्णन कर सकने वाली **घूर्णी त्रिज्या** OM स्थिर त्रिज्या OA के साथ कोण α बनाती है। यह कोण प्रथम चतुर्थांश में हो सकता है ($\angle MOA$), या द्वितीय में ($\angle M_1OA$), या तृतीय में ($\angle M_2OA$), या चतुर्थ में ($\angle M_3OA$)।

चित्र 223

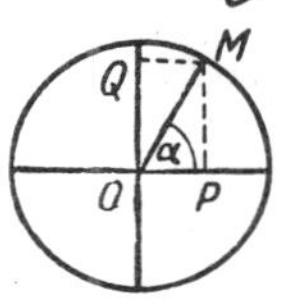

चित्र 224

OA तथा OB दिशाओं को धनात्मक और OA' तथा OB' दिशाओं को ऋणात्मक मानकर त्रिकोणमितिक फलनों को निम्न प्रकार से परिभाषित करते हैं:

कोण α की **ज्या-रेखा** (चित्र 224) द्वितीय व्यास पर घूर्णी त्रिज्या का प्रक्षेप (तदनुरूप चिह्न के साथ) OQ है।

कोज्या-रेखा—घूर्णी त्रिज्या का प्रथम व्यास पर प्रक्षेप है।

कोण α की ज्या (चित्र 224) ज्या-रेखा* OQ और वृत्त की त्रिज्या R का व्यतिमान है;

कोण α की कोज्या—कोज्या-रेखा* OP और त्रिज्या R का अनुपात है। [यदि त्रिज्या R को इकाई मान लिया जाये, तो कर्त OQ और OP क्रमशः $\sin\alpha$ और $\cos\alpha$ होंगे।]

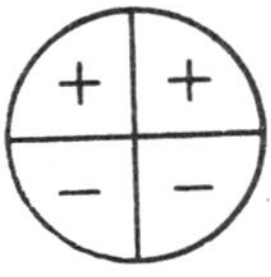

चित्र 225

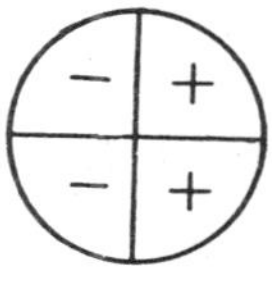

चित्र 226

चित्र 225 में दिखाया गया है कि किस चतुर्थांश में ज्या का चिह्न कैसा होगा। चित्र 226 में कोज्या के चिह्न दिखाये गये हैं।

---

* तदनुरूप चिह्न के साथ।

स्पज-रेखा (AD_1, AD_2 आदि) प्रथम व्यास के सिरे A मे खींची गयी स्पर्शक रेखा का स्पर्श-बिंदु से उस बिंदु तक का कर्त है, जिस बिंदु पर घूर्णी त्रिज्या (OM_1, OM_2 आदि) का बढ़ा हुआ भाग स्पर्शक रेखा को काटता है (चित्र 227)।

कोस्पज-रेखा (BE_1, BE_2 आदि) द्वितीय व्यास के सिरे B से खींची गयी स्पर्शक रेखा का स्पर्श-बिंदु से उस बिंदु तक का कर्त है, जिस बिंदु पर घूर्णी त्रिज्या (OM_1, OM_2 आदि) का बढ़ा हुआ भाग स्पर्शक रेखा को काटता है (चित्र 228)।

कोण की स्पज स्पज-रेखा* और त्रिज्या का व्यतिमान है।

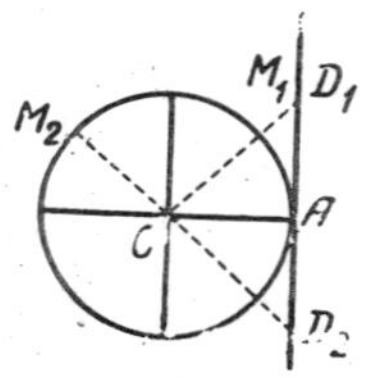

चित्र 227

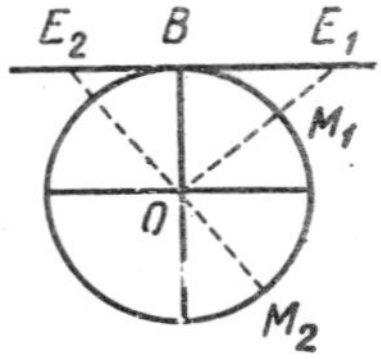

चित्र 228

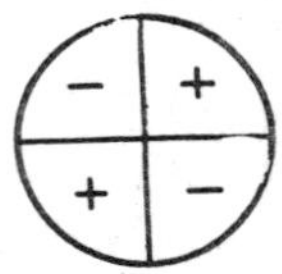

चित्र 229

कोण की कोस्पज कोस्पज-रेखा† और त्रिज्या का व्यतिमान है।

भिन्न चतुर्थांशों में स्पज और कोस्पज के चिह्न चित्र 229 में दिखाये गये हैं।

व्युक और व्युज को क्रमशः कोज्या और ज्या के व्युत्क्रम मान के रूप में ही परिभाषित करना सरल रहेगा।

पृष्ठ 401 की सारणी में कोण α के लिए हर त्रिकोणमितिक फलन को बाकी त्रिकोणमितिक फलनों में व्यक्त किया गया है (α कोई भी कोण हो सकता है)। जिन व्यंजनों के पहले दुहरे चिह्न ($\pm$) लगे हैं, उनके चिह्न का चयन उस चतुर्थांश पर निर्भर करता है, जिसमें कोण α लेते हैं (दे. चित्र 225, 226, 229)।

त्रिकोणमितिक फलनों के ग्राफ § 213 में देखें।

---

* तदनुरूप चिह्न के साथ।

† स्पज-रेखा की धनात्मक दिशा नीचे से ऊपर मानी जाती है और कोस्पज-रेखा की बायें से दायें।

किसी एक त्रिकोणमितिक फलन को बाकी में व्यक्त करना

	$\sin x$	$\cos x$	$\tan x$	$\cot x$	$\sec x$	$\text{cosec } x$
$\sin x$		$\pm\sqrt{1-\cos^2 x}$	$\frac{\tan x}{\pm\sqrt{1+\tan^2 x}}$	$\frac{1}{\pm\sqrt{1+\cot^2 x}}$	$\frac{\pm\sqrt{\sec^2 x-1}}{\sec x}$	$\frac{1}{\text{cosec } x}$
$\cos x$	$\pm\sqrt{1-\sin^2 x}$		$\frac{1}{\pm\sqrt{1+\tan^2 x}}$	$\frac{\cot x}{\pm\sqrt{1+\cot^2 x}}$	$\frac{1}{\sec x}$	$\frac{\pm\sqrt{\text{cosec}^2 x-1}}{\text{cosec } x}$
$\tan x$	$\frac{\sin x}{\pm\sqrt{1-\sin^2 x}}$	$\frac{\pm\sqrt{1-\cos^2 x}}{\cos x}$		$\frac{1}{\cot x}$	$\pm\sqrt{\sec^2 x-1}$	$\frac{1}{\pm\sqrt{\text{cosec}^2 x-1}}$
$\cot x$	$\frac{\pm\sqrt{1-\sin^2 x}}{\sin x}$	$\frac{\cos x}{\pm\sqrt{1-\cos^2 x}}$	$\frac{1}{\tan x}$		$\frac{1}{\pm\sqrt{\sec^2 x-1}}$	$\pm\sqrt{\text{cosec}^2 x-1}$
$\sec x$	$\frac{1}{\pm\sqrt{1-\sin^2 x}}$	$\frac{1}{\cos x}$	$\pm\sqrt{1+\tan^2 x}$	$\frac{\pm\sqrt{1+\cot^2 x}}{\cot x}$		$\frac{\text{cosec } x}{\pm\sqrt{\text{cosec}^2 x-1}}$
$\text{cosec } x$	$\frac{1}{\sin x}$	$\frac{1}{\pm\sqrt{1-\cos^2 x}}$	$\frac{\pm\sqrt{1+\tan^2 x}}{\tan x}$	$\pm\sqrt{1+\cot^2 x}$	$\frac{\sec x}{\pm\sqrt{\sec^2 x-1}}$	

अवकरण-सूत्र

[90° से अधिक मान वाले कोण के त्रिकोणमितिक फलन को तीछ कोण α के त्रिकोणमितिक फलन में व्यक्त करने वाले सूत्र को अवकरण-सूत्र कहते हैं। ये सूत्र किसी भी कोण को तीछ कोण में अवकृत करते हैं; इस प्रक्रिया में फलन का नाम, चिह्न बदल भी सकता है और नहीं भी। यह अवकरण-सूत्र का आरंभिक (ऐतिहासिक और व्यावहारिक) अर्थ है। अधिक व्यापक अर्थ में α कोई भी कोण हो सकता है।]

अवकरण-सूत्र निम्न सूत्रों को कहते हैं, जिनकी सहायता से (1) 90° से अधिक मान वाले कोण के त्रिकोणमितिक फलन का सांख्यिक मान ज्ञात किया जा सकता है और (2) जटिल सूत्रों को सरल रूप दिया जा सकता है।

ये सूत्र किसी भी कोण के लिए सत्य हैं, पर ज्यादातर इनका उपयोग $\alpha =$ तीछ कोण के लिए ही होता है।

ग्रुप I :

$$\begin{aligned} &\sin(-\alpha) = -\sin\alpha, \\ &\tan(-\alpha) = -\tan\alpha, \quad \cos(-\alpha) = \cos\alpha. \\ &\cot(-\alpha) = -\cot\alpha, \end{aligned}$$

ये सूत्र जरूरत पड़ने पर ऋणात्मक कोणों से छुटकारा दिला सकते हैं।

ग्रुप II :

$$\left.\begin{matrix}\sin\\ \cos\\ \tan\\ \cot\end{matrix}\right\}(360^\circ k+\alpha) = \left.\begin{matrix}\sin\\ \cos\\ \tan\\ \cot\end{matrix}\right\}\alpha$$

(यहां k कोई धनात्मक पूर्ण संख्या है)।

ये सूत्र 360° से बड़े कोणों से छुटकारा दिला सकते हैं।

ग्रुप III :

$$\left.\begin{matrix}\sin\\ \cos\\ \tan\\ \cot\end{matrix}\right\}(180^\circ\pm\alpha) = \left.\begin{matrix}\mp\sin\\ -\cos\\ \pm\tan\\ \pm\cot\end{matrix}\right\}\alpha.$$

फलनों के नाम नहीं बदलते हैं; दायें पक्ष में वह चिह्न रखते हैं, जो तीछ कोण α के लिए बायें पक्ष का चिह्न होगा।

उदाहरण के लिए, $\sin(180°-\alpha)=+\sin\alpha$ होगा, क्योंकि α के तीछ कोण होने पर $180°-\alpha$ दूसरे चतुर्थांश में होगा, जिसमें ज्या धनात्मक होती है; $\sin(180°+\alpha)=-\sin\alpha$ होगा, क्योंकि α के तीछ कोण होने पर $180°+\alpha$ तीसरे चतुर्थांश में होगा, जहां ज्या ऋणात्मक होती है।

ग्रुप IV :

$$\left.\begin{array}{l}\sin\\ \cos\\ \tan\\ \cot\end{array}\right\}(90°+\alpha)=\left.\begin{array}{l}+\cos\\ \mp\sin\\ \mp\cot\\ \mp\tan\end{array}\right\}\alpha;$$

$$\left.\begin{array}{l}\sin\\ \cos\\ \tan\\ \cot\end{array}\right\}(270°\pm\alpha)=\left.\begin{array}{l}-\cos\\ \pm\sin\\ \mp\cot\\ \mp\tan\end{array}\right\}\alpha.$$

फलन का नाम बदल जाता है: हर फलन की जगह उसका "पूरक" फलन लेते हैं*। चिह्नों का नियम पिछले ग्रुप की तरह ही है। उदाहरणार्थ, $\cos(270°-\alpha)=-\sin\alpha$ होगा, क्योंकि तीछ कोण α के लिए $270°-\alpha$ तीसरे चतुर्थांश में होता है, जिसमें कोज्या ऋणात्मक है; $\cos(270°+\alpha)=+\sin\alpha$ है, क्योंकि चौथे चतुर्थांश में कोज्या धनात्मक है।

उपरोक्त सभी सूत्र निम्न नियम से प्राप्त हो सकते हैं:

सम संख्या n के लिए कोण $90°n+\alpha$ का कोई त्रिकोणमितिक फलन कोण α के उसी फलन के बराबर होता है (परम मान के अनुसार); विषम संख्या n के लिए कोण $90°n+\alpha$ का कोई त्रिकोणमितिक फलन कोण α के पूरक फलन के बराबर होता है (परम मान के अनुसार)। तीछ कोण α के लिए कोण $90°n+\alpha$ के त्रिकोणमितिक फलन का चिह्न धनात्मक होने पर दोनों फलनों के चिह्न समान होते हैं; ऋणात्मक होने पर चिह्न असमान होते हैं।

ऊपर दिये गये सूत्रों के परिणाम पृष्ठ 404 की सारणी में दिये गये हैं, जिसमें व्युक और व्युज भी शामिल कर लिये गये हैं।

* [ज्या और कोज्या परस्पर 'पूरक' फलन कहलाते हैं, क्योंकि $\sin A=\cos(90°-A)$ है $(A+B=90°)$। इसी प्रकार, स्पज और कोस्पज भी परस्पर पूरक फलन हैं; व्युक और व्युज भी परस्पर पूरक हैं।]

फलन	कोण								
	$-\alpha$	$90^\circ-\alpha$	$90^\circ+\alpha$	$180^\circ-\alpha$	$180^\circ+\alpha$	$270^\circ-\alpha$	$270^\circ+\alpha$	$360^\circ k-\alpha$	$360^\circ k+\alpha$
sin	$-\sin\alpha$	$+\cos\alpha$	$+\cos\alpha$	$+\sin\alpha$	$-\sin\alpha$	$-\cos\alpha$	$-\cos\alpha$	$-\sin\alpha$	$+\sin\alpha$
cos	$+\cos\alpha$	$+\sin\alpha$	$-\sin\alpha$	$-\cos\alpha$	$-\cos\alpha$	$-\sin\alpha$	$+\sin\alpha$	$+\cos\alpha$	$+\cos\alpha$
tan	$-\tan\alpha$	$+\cot\alpha$	$-\cot\alpha$	$-\tan\alpha$	$+\tan\alpha$	$+\cot\alpha$	$-\cot\alpha$	$-\tan\alpha$	$+\tan\alpha$
cot	$-\cot\alpha$	$+\tan\alpha$	$-\tan\alpha$	$-\cot\alpha$	$+\cot\alpha$	$+\tan\alpha$	$-\tan\alpha$	$-\cot\alpha$	$+\cot\alpha$
sec	$+\sec\alpha$	$+\operatorname{cosec}\alpha$	$-\operatorname{cosec}\alpha$	$-\sec\alpha$	$-\sec\alpha$	$-\operatorname{cosec}\alpha$	$+\operatorname{cosec}\alpha$	$+\sec\alpha$	$+\sec\alpha$
cosec	$-\operatorname{cosec}\alpha$	$+\sec\alpha$	$+\sec\alpha$	$+\operatorname{cosec}\alpha$	$-\operatorname{cosec}\alpha$	$-\sec\alpha$	$-\sec\alpha$	$-\operatorname{cosec}\alpha$	$+\operatorname{cosec}\alpha$

योगान्तर सूत्र

कोणों के योग और अंतर के त्रिकोणमितिक फलन निम्न सूत्रों से व्यक्त होते हैं :

$$\sin(\alpha+\beta)=\sin\alpha\cdot\cos\beta+\cos\alpha\cdot\sin\beta;$$
$$\sin(\alpha-\beta)=\sin\alpha\cdot\cos\beta-\cos\alpha\cdot\sin\beta;$$
$$\cos(\alpha+\beta)=\cos\alpha\cdot\cos\beta-\sin\alpha\cdot\sin\beta;$$
$$\cos(\alpha-\beta)=\cos\alpha\cdot\cos\beta+\sin\alpha\cdot\sin\beta;$$
$$\tan(\alpha+\beta)=\frac{\tan\alpha+\tan\beta}{1-\tan\alpha\cdot\tan\beta};$$
$$\tan(\alpha-\beta)=\frac{\tan\alpha-\tan\beta}{1+\tan\alpha\cdot\tan\beta}.$$

दुगुने, तिगुने और आधे कोणों के लिए सूत्र

$$\sin 2\alpha=2\sin\alpha\cdot\cos\alpha;$$
$$\cos 2\alpha=\cos^2\alpha-\sin^2\alpha=1-2\sin^2\alpha=2\cos^2\alpha-1,$$
$$\tan 2\alpha=\frac{2\tan\alpha}{1-\tan^2\alpha};\quad \cot 2\alpha=\frac{\cot^2\alpha-1}{2\cot\alpha};$$
$$\sin 3\alpha=3\sin\alpha-4\sin^3\alpha;\quad \cos 3\alpha=4\cos^3\alpha-3\cos\alpha;$$
$$\tan 3\alpha=\frac{3\tan\alpha-\tan^3\alpha}{1-3\tan^2\alpha};\quad \cot 3\alpha=\frac{\cot^3\alpha-3\cot\alpha}{3\cot^2\alpha-1};$$
$$\sin\frac{\alpha}{2}=\pm\sqrt{\frac{1-\cos\alpha}{2}};\quad \cos\frac{\alpha}{2}=\pm\sqrt{\frac{1+\cos\alpha}{2}};$$
$$\tan\frac{\alpha}{2}=\pm\sqrt{\frac{1-\cos\alpha}{1+\cos\alpha}}=\frac{\sin\alpha}{1+\cos\alpha}=\frac{1-\cos\alpha}{\sin\alpha};$$
$$\cot\frac{\alpha}{2}=\pm\sqrt{\frac{1+\cos\alpha}{1-\cos\alpha}}=\frac{\sin\alpha}{1-\cos\alpha}=\frac{1+\cos\alpha}{\sin\alpha}.$$

करणी (मूल-चिह्न) के पहले चिह्न (धन या ऋण) का चयन उस चतुर्थांश पर निर्भर करता है, जिसमें कोण $\frac{\alpha}{2}$ होता है (§ 194-195) ।

त्रिकोणमितिक व्यंजनों को लगरथन-योग्य रूप देने के लिए सूत्र

$$\sin\alpha+\sin\beta=2\sin\frac{\alpha+\beta}{2}\cos\frac{\alpha-\beta}{2},$$

$$\sin\alpha-\sin\beta=2\cos\frac{\alpha+\beta}{2}\sin\frac{\alpha-\beta}{2}.$$

$$\cos\alpha+\cos\beta=2\cos\frac{\alpha+\beta}{2}\cos\frac{\alpha-\beta}{2},$$

$$\cos\alpha-\cos\beta=-2\sin\frac{\alpha+\beta}{2}\sin\frac{\alpha-\beta}{2}=2\sin\frac{\alpha+\beta}{2}\sin\frac{\beta-\alpha}{2},$$

$$\cos\alpha+\sin\alpha=\sqrt{2}\cos(45^\circ-\alpha),$$
$$\cos\alpha-\sin\alpha=\sqrt{2}\sin(45^\circ-\alpha),$$

$$\tan\alpha\pm\tan\beta=\frac{\sin(\alpha\pm\beta)}{\cos\alpha\cos\beta};\quad \cot\alpha\pm\cot\beta=\frac{\sin(\beta\pm\alpha)}{\sin\alpha\sin\beta},$$

$$\tan\alpha+\cot\beta=\frac{\cos(\alpha-\beta)}{\cos\alpha\sin\beta};\ \tan\alpha-\cot\beta=-\frac{\cos(\alpha+\beta)}{\cos\alpha\sin\beta},$$

$$\tan\alpha+\cot\alpha=2\operatorname{cosec}2\alpha;\quad \tan\alpha-\cot\alpha=-2\cot2\alpha,$$

$$1+\cos\alpha=2\cos^2\frac{\alpha}{2};\quad 1-\cos\alpha=2\sin^2\frac{\alpha}{2},$$

$$1+\sin\alpha=2\cos^2\left(45^\circ-\frac{\alpha}{2}\right),$$

$$1-\sin\alpha=2\sin^2\left(45^\circ-\frac{\alpha}{2}\right),$$

$$1\pm\tan\alpha=\frac{\sin(45^\circ\pm\alpha)}{\cos45^\circ\cos\alpha}=\frac{\sqrt{2}\sin(45^\circ\pm\alpha)}{\cos\alpha},$$

$$1\pm\tan\alpha\tan\beta=\frac{\cos(\alpha\mp\beta)}{\cos\alpha\cos\beta},\quad \cot\alpha\cot\beta\pm1=\frac{\cos(\alpha\mp\beta)}{\sin\alpha\sin\beta}$$

$$1-\tan^2\alpha=\frac{\cos2\alpha}{\cos^2\alpha},\quad 1-\cot^2\alpha=-\frac{\cos2\alpha}{\sin^2\alpha},$$

$$\tan^2\alpha-\tan^2\beta=\frac{\sin(\alpha+\beta)\sin(\alpha-\beta)}{\cos^2\alpha\cos^2\beta},$$

$$\cot^2\alpha-\cot^2\beta=\frac{\sin(\alpha+\beta)\sin(\beta-\alpha)}{\sin^2\alpha\sin^2\beta},$$

$$\tan^2\alpha-\sin^2\alpha=\tan^2\alpha\sin^2\alpha,\quad \cot^2\alpha-\cos^2\alpha=\cot^2\alpha\cos^2\alpha$$

त्रिभुज के कोणों से युक्त व्यंजनों को लगरथन-योग्य रूप देना

यदि A, B, C किसी त्रिभुज के कोण हैं या, अधिक व्यापक रूप में, $A+B+C=180^\circ$ है, तो निम्न सूत्रों की सहायता से कुछ ऐसे व्यंजनों को भी लगरथन-योग्य रूप दिया जा सकता है, जिनका आरंभिक रूप में लगरथ निकालना संभव नहीं होता। ये सूत्र कुंदकोणिक (या तिरोत्रिभुज) के हल में लाभकर होते हैं :

$$\sin A+\sin B=2\cos\frac{A-B}{2}\cos\frac{C}{2},$$

$$\sin A-\sin B=2\sin\frac{A-B}{2}\sin\frac{C}{2},$$

$$\cos A+\cos B=2\cos\frac{A-B}{2}\sin\frac{C}{2},$$

$$\cos A-\cos B=2\sin\frac{B-A}{2}\cos\frac{C}{2},$$

$$\tan A+\tan B=\frac{\sin C}{\cos A\cos B},$$

$$\cot A+\cot B=\frac{\sin C}{\sin A\sin B},$$

$$\sin A+\sin B+\sin C=4\cos\frac{A}{2}\cos\frac{B}{2}\cos\frac{C}{2},$$

$$\tan A+\tan B+\tan C=\tan A\cdot\tan B\cdot\tan C,$$

$$\cot\frac{A}{2}+\cot\frac{B}{2}+\cot\frac{C}{2}=\cot\frac{A}{2}\cot\frac{B}{2}\cot\frac{C}{2}$$

चंद महत्त्वपूर्ण संबंध

$$\sin\alpha\sin\beta=\frac{1}{2}[\cos(\alpha-\beta)-\cos(\alpha+\beta)],$$

$$\cos\alpha\cos\beta=\frac{1}{2}[\cos(\alpha-\beta)+\cos(\alpha+\beta)],$$

$$\sin\alpha\cos\beta=\frac{1}{2}[\sin(\alpha+\beta)+\sin(\alpha-\beta)].$$

इन सूत्रों का उपयोग गुणा से बचने के लिए कर सकते हैं (बिना लगरथन के कलन में; उच्च गणित में अक्सर त्रिकोणमितिक फलनों के समेकन में इनका उपयोग होता है) ।

$$\sin\alpha=\frac{2\tan\frac{\alpha}{2}}{1+\tan^2\frac{\alpha}{2}},\quad \cos\alpha=\frac{1-\tan^2\frac{\alpha}{2}}{1+\tan^2\frac{\alpha}{2}},$$

$$\tan\alpha=\frac{2\tan\frac{\alpha}{2}}{1-\tan^2\frac{\alpha}{2}},$$

ये सूत्र त्रिकोणमितिक समीकरण हल करने में उपयोगी होते हैं (उच्च गणित में – त्रिकोणमितिक फलनों के समेकन में) ।

$$\sin\alpha+\sin 2\alpha+\sin 3\alpha+\ldots+\sin n\alpha=\frac{\cos\frac{\alpha}{2}-\cos\frac{(2n+1)\alpha}{2}}{2\sin\frac{\alpha}{2}},$$

$$\cos\alpha+\cos 2\alpha+\cos 3\alpha+\ldots+\cos n\alpha=\frac{\sin\frac{(2n+1)\alpha}{2}-\sin\frac{\alpha}{2}}{2\sin\frac{\alpha}{2}};$$

$$\cos n\alpha=\cos^n\alpha-C_n^2\cos^{n-2}\alpha\sin^2\alpha+C_n^4\cos^{n-4}\alpha\sin^4\alpha-\ldots;$$

$$\sin n\alpha=n\cos^{n-1}\alpha\sin\alpha-C_n^3\cos^{n-3}\alpha\sin^3\alpha+C_n^5\cos^{n-5}\alpha\sin^5\alpha-\ldots$$

अंतिम दो सूत्रों में C_n^k दुपदी संद हैं (दे. § 137) । योज्य पदों के चिह्न बारी-बारी से बदलते रहते हैं । इन सूत्रों में दायां पक्ष स्वयं उस योज्य पर समाप्त हो जाता है, जिसमें कोज्या का घात-सूचक शून्य या एक होता है ।

उदाहरण :

$$\cos 3\alpha=\cos^3\alpha-3\cos\alpha.\sin^2\alpha;$$
$$\sin 3\alpha=3\cos^2\alpha\sin\alpha-\sin^3\alpha;$$
$$\cos 4\alpha=\cos^4\alpha-6\cos^2\alpha\sin^2\alpha+\sin^4\alpha;$$
$$\sin 4\ =4\cos^3\alpha\sin\alpha-4\cos\alpha\sin^3\alpha.$$

त्रिभुज के अंगों का आपसी संबंध*

द्योतन : a, b, c भुजाएं हैं; A, B, C त्रिभुज के कोण हैं; $p=\frac{a+b+c}{2}$ (अर्ध परिमिति) है; $h=$ ऊँचाई; $S=$ क्षेत्रफल; $R=$ परीत वृत्त की त्रिज्या; $r=$ अंतरित वृत्त की त्रिज्या; r_a ऐसे वृत्त की त्रिज्या है, जो भुजा a को स्पर्श करता है और भुजा b तथा c के बढ़े हुए भाग को स्पर्श करता है (**बहिरंतरित वृत्त** की त्रिज्या); h_a भुजा a पर खींची गयी ऊंचाई है; β_A कोण A की अर्धक रेखा है।

(1) **कोज्या-प्रमेय** :

$$a^2=b^4+c^2-2bc\cos A$$

$$\text{या } \cos A=\frac{b^2+c^2-a^2}{2\,bc} \quad \text{(तुलना करें § 149 से)}$$

(2) **अर्ध कोण के सूत्र** ((1) से प्राप्त होते हैं)

$$\sin\frac{A}{2}=\sqrt{\frac{(p-b)\,(p-c)}{bc}}; \quad \cos\frac{A}{2}\sqrt{\frac{p\,(p-a)}{bc}};$$

$$\tan\frac{A}{2}=\sqrt{\frac{(p-b)\,(p-c)}{p\,(p-a)}}=\frac{1}{p-a}\sqrt{\frac{(p-a)\,(p-b)\,(p-c)}{p}}=\frac{r}{p-a},$$

जिससे

$$\tan\frac{A}{2}\ \tan\frac{B}{2}=\frac{p-c}{p}; \quad \frac{\tan\frac{A}{2}}{\tan\frac{B}{2}}=\frac{p-b}{p-a}.$$

(3) **ज्या-प्रमेय** :

$$\frac{a}{\sin A}=\frac{b}{\sin B}=\frac{c}{\sin C}=2R.$$

इसकी सहायता से निम्न दो सूत्र निकलते हैं।

---

* यहाँ सभी सूत्रों के सिर्फ एक-एक रूप दिये गये हैं; अन्य दो (सदृश) रूप उनमें तदनुरूप वर्णों के परिवर्तन से प्राप्त हो सकते हैं। उदाहरणार्थ,

सूत्र $\cos A=\frac{b^2+c^2-a^2}{2bc}$ से हम दो अन्य सूत्र $\cos B=\frac{a^2+c^2-b^2}{2ac}$ तथा $\cos C=\frac{a^2+b^2-c^2}{2ab}$ प्राप्त करते हैं।

(4) **स्पज-प्रमेय** (रेगियोमांटुस का सूत्र):

$$\frac{a+b}{a-b}=\frac{\tan\frac{A+B}{2}}{\tan\frac{A-B}{2}}=\frac{\cot\frac{C}{2}}{\tan\frac{A-B}{2}}.$$

(5) **मोलवेंडे (Mollweide) का सूत्र :**

$$\frac{a+b}{c}=\frac{\cos\frac{A+B}{2}}{\sin\frac{C}{2}};\quad \frac{a-b}{c}=\frac{\sin\frac{A-B}{2}}{\cos\frac{C}{2}}.$$

(6) **क्षेत्रफल के सूत्र :**

$$S=\frac{bc\sin A}{2};\quad S=\frac{b^2\sin A\sin C}{2\sin B};$$

$$S=\sqrt{p(p-a)(p-b)(p-c)};\quad S=\frac{h^2\sin B}{2\sin A\sin C};$$

$$S=r^2\cot\frac{A}{2}\cot\frac{B}{2}\cot\frac{C}{2};\quad S=p^2\tan\frac{A}{2}\tan\frac{B}{2}\tan\frac{C}{2};$$

$$S=p(p-a)\tan\frac{A}{2},\quad S=\frac{h^2_a\sin A}{2\sin B\sin C};\quad S=\sqrt{rr_a r_b r_c}.$$

(7) **परीत, अंतरित, बहिरंतरित वृत्तों की त्रिज्याएं :**

$$R=\frac{a}{2\sin A}=\frac{abc}{4S}=\frac{p}{4\cos\frac{A}{2}\cos\frac{B}{2}\cos\frac{C}{2}}=\frac{bc}{2h_a};$$

$$4R=r_a+r_b+r_c-r;$$

$$r=\frac{S}{p}=(p-a)\tan\frac{A}{2}=\frac{a\sin\frac{B}{2}\sin\frac{C}{2}}{\cos\frac{A}{2}}$$

$$=4R\sin\frac{A}{2}\sin\frac{B}{2}\sin\frac{C}{2};$$

$$\frac{1}{r}=\frac{1}{r_a}+\frac{1}{r_b}+\frac{1}{r_c};$$

$$r_a=\frac{S}{p-a}=p\tan\frac{A}{2}.$$

(8) अर्धक :

$$\beta_A=\frac{h_a}{\cos\frac{B-C}{2}}.$$

तिरोत्रिभुजों के हल

स्थिति I. भुजा a, b, c प्रत्त हैं, कोण A, B, C ज्ञात करें ।

(a) कोज्या-प्रमेय और § 6 की सारणी के सहारे एक कोण ज्ञात कर लेते हैं :

$$\cos A=\frac{b^2+c^2-a^2}{2\,bc}.$$

दूसरा कोण (उदाहरणार्थ, B) ज्या-प्रमेय से ज्ञात हो सकता है :

$$\sin B=\frac{b\sin A}{a}.$$

तीसरा कोण निम्न सूत्र से ज्ञात होता है :

$$C=180^\circ-(A+B)$$

अधिक ($10'$ तक की भी) शुद्धता से मान ज्ञात करने के लिए (विशेषकर प्रथम परिणाम का) कलन काफी उबाने वाला है ।

लगरथी सारणी के उपयोग से कोण A, B, C (इनमें से दो का कलन करना काफी रहेगा) अर्ध कोणों के किसी सूत्र से ज्ञात हो सकते हैं (§ 201, संदर्भ 2) ।

कलन-क्रम

प्रत: $a=74$, $b=130$, $c=186$.

$$2p=a+b+c=390,\ p=195,\ \lg p=2.2900.$$

$p-a=121$	$\lg(p-a)=2.0828$
$p-b=65$	$\lg(p-b)=1.8129$
$p-c=9$	$\lg(p-c)=0.9542.$

(1) A का कलन :

$$\tan \frac{A}{2} = \sqrt{\frac{(p-b)(p-c)}{p(p-a)}},$$

$$\begin{aligned} \lg (p-b) &= 1.8129, \\ \lg (p-c) &= 0.9542, \\ \text{kr. } \lg p &= \bar{3}.7100, ^{*} \\ \text{kr. } \lg (p-a) &= \bar{3}.9172, \\ & \overline{\bar{2}.3943} \end{aligned}$$

$$\lg \tan \frac{A}{2} = \frac{1}{2} \cdot \bar{2}.3943 = \bar{1}.1791$$

$$\frac{A}{2} = 8^\circ 57'; \quad A = 17^\circ 54'.$$

(2) B का कलन :

$$\tan \frac{B}{2} = \sqrt{\frac{(p-a)\ (p-c)}{p(p-b)}}.$$

ऊपर की तरह कलन करने पर $B = 32^\circ 40'$ मिलता है ।

(3) C का कलन (जाँच के लिए) :

$$\tan \frac{C}{2} = \sqrt{\frac{(p-a)(p-b)}{p(p-c)}}.$$

फल : $C = 129^\circ 26'$.

जाँच :

$$\begin{aligned} A &= 17^\circ 54' \\ B &= 32^\circ 40' \\ C &= 129^\circ 26' \\ \hline A+B+C &= 180^\circ. \end{aligned}$$

स्थिति 2. दो भुजाएं a, b और उनके बीच का कोण C प्रत्त हैं। भुजा c तथा कोण A, B ज्ञात करें।

(a) § 6 की सारणी का उपयोग करते हुए कोज्या-प्रमेय की सहायता से तीसरी भुजा c ज्ञात करते हैं :

$$c^2 = a^2 + b^2 - 2ab \cos C;$$

---

* kr. lg p का अर्थ है संख्या lg p का कृत्रिम रूप (§ 130)।

इसके बाद ज्या-प्रमेय से कोण A ज्ञात करते हैं :

$$\sin A = \frac{a \sin C}{c}.$$

यहां कोण A तीक्ष्ण कोण होगा, यदि $\frac{b}{a} > \cos C$ होगा; कोण A कुंद कोण होगा, यदि $\frac{b}{a} < \cos C$ होगा।

तीसरा कोण सूत्र $C = 180^\circ - (A + B)$ से ज्ञात कर सकते हैं, या (जाँच के लिए) कोण A की तरह ज्या-प्रमेय द्वारा। भुजा c का मान अधिक शुद्धता से ज्ञात करने के लिए काफी देर तक कलन करना पड़ता है।

(b) लगरथी सारणी के उपयोग से भुजा c को ज्या-प्रमेय की सहायता से ज्ञात किया जाता है (कोण A तथा B ज्ञात कर लेने के बाद)।

कोण A, B रेगियोमोंटानुस के सूत्र

$$\frac{a+b}{a-b} = \frac{\cot\frac{C}{2}}{\tan\frac{A-B}{2}}$$

से ज्ञात करते हैं। इसमें a, b, C के प्रत्त मान रख कर $\frac{A-B}{2}$ ज्ञात करते हैं; $\frac{A+B}{2}\left(= 90^\circ - \frac{C}{2}\right)$ पहले से पता है; इन व्यंजनों की सहायता से A और B ज्ञात करना कठिन नहीं होता।

कलन-क्रम

प्रत्त: $a = 289$, $b = 601$, $C = 100^\circ 20'$.

(1) $\frac{B-A}{2}$ का कलन :

$$\tan\frac{B-A}{2} = \frac{b-a}{b+a}\cot\frac{C}{2};$$

$$\lg(b-a) = 2.4942,$$

$$\lg\cot\frac{C}{2} = \bar{1}.9212,$$

$$\text{kr. }\lg(b+a) = \bar{3}.0506,$$

$$\lg \text{tg}\frac{B-A}{2} = \bar{1}.4660;$$

$$\frac{B-A}{2}=16°18'.$$

(2) B और A का कलन :

$$\frac{B+A}{2}=90°-\frac{C}{2}=39°50';$$

$$\frac{B-A}{2}=16°18';$$

इन दो समीकरणों को जोड़ने पर $B=56°8'$ मिलता है। घटाने से $A=23°32'$ मिलेगा।

(3) भुजा c का कलन :

$$c=\frac{a \sin C}{\sin A};$$

$$\begin{aligned} \lg a &= 2.4609, \\ \lg \sin C &= \bar{1}.9929, \\ \text{kr. } \lg \sin A &= 0.3987. \\ \hline \lg c &= 2.8525; \quad c=712.0. \end{aligned}$$

स्थिति III. कोई दो कोण (जैसे A, B) और एक भुजा c प्रत्त हैं। तीसरा कोण (C) और भुजा a, b ज्ञात करें।

लगरथों की सहायता से या बिना उनकी सहायता के कलन का क्रम निम्न है : पहले सूत्र $180°-(A+B)$ से कोण C ज्ञात करते हैं, फिर ज्या-प्रमेय की सहायता से भुजा a, b ज्ञात करते हैं। लगरथों की सहायता से कलन का आलेख निम्न होगा :

प्रत्त : $A=55°20'$, $B=44°41'$, $c=795$.

(1) कोण C का कलन :

$$C=180°-(A+B)=79°59'.$$

(2) भुजा a का कलन :

$$a=\frac{c \sin A}{\sin C};$$

$$\begin{aligned} \lg c &= 2.9004, \\ \lg \sin A &= \bar{1}.9151, \\ \text{kr. } \lg \sin C &= 0.0067. \\ \hline \lg a &= 2.8222; \quad a=664.0 \end{aligned}$$

(3) भुजा b का कलन :

सूत्र $b = \frac{c \sin B}{\sin C}$ से ऊपर की तरह कलन करने पर $b = 567.7$ प्राप्त होगा।

स्थिति IV. दो भुजाएं a, b और इनमें से किसी के सामने का कोण B प्रत्त हैं।

लगरथ की सहायता से और इसके बिना कलन का क्रम निम्न है : पहले ज्या-प्रमेय की सहायता से दूसरी भुजा के सामने का कोण A ज्ञात करते हैं :

$$\sin A = \frac{a \sin B}{b}$$

कलन-प्रक्रिया में निम्न संभावनाओं से वास्ता पड़ सकता है :

(a) $a > b,\ a \sin B > b$

—प्रश्न हलातीत है।

(b) $a > b,\ a \sin B = b$

—एक संभव हल है $\angle A = 90^\circ$।

(c) $a > b,\ a \sin B < b < a$

—प्रश्न के दो हल हो सकते हैं : कलित ज्या का कोण तीछ भी ले सकते हैं और कुंद भी।

(d) $a \leqslant b$

—प्रश्न का सिर्फ एक हल है : कोण A तीछ कोण होगा।

कोण A निर्धारित कर लेने के बाद कोण C को सूत्र $C = 180^\circ - (A + B)$ से ज्ञात करते हैं। यदि A के दो मान संभव हैं, तो C के लिए भी दो मान प्राप्त होंगे। अंत में, तीसरी भुजा c को ज्या-प्रमेय की सहायता से ज्ञात करते हैं :

$$c = \frac{b \sin C}{\sin B}.$$

यदि C के दो मान निकाले गये हैं, तो c के भी दो मान होंगे। इस प्रकार, प्रश्न की शर्तों को दो भिन्न त्रिभुज संतुष्ट करते हैं।

कलन का आलेख :

प्रत्त : $a = 360.0,\ b = 309.0,\ B = 21^\circ 14'$.

यहा $a > b$ और $a \sin B < b$ है, अतः तीसरी संभावना IV (c) से वास्ता पड़ रहा है।

(1) कोण A का कलन :

$$\sin A = \frac{a \sin B}{b};$$

$$\begin{aligned} \lg a &= 2.5563, \\ \lg \sin B &= \bar{1}.5589, \\ \text{kr.} \lg b &= \bar{3}.5100, \\ \hline \lg \sin A &= \bar{1}.6252; \end{aligned}$$

प्रथम हल $A_1 = 24°57'$; दूसरा हल $A_2 = 180° - 24°57' = 155°3'$ है। (यदि $a \sin B > b$ होता, तो lg sin A का लंछक धनात्मक होता और प्रश्न का कोई हल नहीं होता।)

(2) कोण C का कलन :

$C = 180° - (A + B)$ से प्रथम हल $C_1 = 133°49'$ और दूसरा हल $C_2 = 3°43'$ है।

(3) भुजा c का कलन :

$$c = \frac{b \sin C}{\sin B};$$

प्रथम हल

$$\begin{aligned} \lg b &= 2.4900, \\ \lg \sin C_1 &= \bar{1}.8583, \\ \text{kr.} \lg \sin B_1 &= 0.4411, \\ \hline \lg c_1 &= 2.7894;\ c_1 = 655.7 \end{aligned}$$

द्वितीय हल

$$\begin{aligned} \lg b &= 2.4900, \\ \lg \sin C_2 &= 2.8117, \\ \text{kr.} \lg \sin B_2 &= 0.4411, \\ \hline \lg c_2 &= 1.7428;\ c = 55.31. \end{aligned}$$

प्रतीप त्रिकोणमितिक फलन (वृत्तीय फलन)

संबंध $x = \sin y$ के कारण सारणी से x प्रत्त होने पर y ज्ञात कर सकते हैं और y प्रत्त होने पर x भी ज्ञात कर सकते हैं (x का परम मान 1 से अधिक नहीं होना चाहिए)। इसलिए हम कह सकते हैं कि ज्या ही कोण का फलन नहीं है, कोण भी ज्या का फलन है। इस अंतिम उक्ति को $y = \arcsin x$ से व्यक्त करते हैं। उदाहरणार्थ, $\frac{1}{2} = \sin 30°$ को गणितीय वाक्य $30° = \arcsin \frac{1}{2}$ के रूप में भी लिख सकते हैं। दूसरे वाक्य में कोण को डिग्रीपरक माप की जगह सामान्यतया रेडियनी माप में व्यक्त करते हैं : $\frac{\pi}{6} = \arcsin \frac{1}{2}$। यह $\frac{1}{2} = \sin \frac{\pi}{6}$ का ही

दूसरा रूप है, फिर भी शुरू-शुरू में छात्रों को इससे काफी कठिनाई होती है। लेकिन जब $2^3 = 8$ की जगह $2 = \sqrt[3]{8}$ लिखते हैं, तो इसमें छात्रों को कोई कठिनाई नजर नहीं आती। शायद इसलिए कि घन निकालने की क्रिया एक है और घनमूल की दूसरी; यहाँ छात्रगण दो *विभिन्न संक्रियाएं* देखते हैं और उनके आदी हो जाते हैं [यद्यपि ये भी परस्पर प्रतीप संक्रियाएं मात्र हैं]। कोण से ज्या और ज्या से कोण एक ही सारणी द्वारा ज्ञात करते हैं, जिसमें ज्या और ज्या-चाप (arcsin) अलग-अलग निर्दिष्ट नहीं होते। इसीलिए ज्या-चाप *एक अलग संक्रिया* है, इसका भान छात्रों को नहीं हो पाता। वैसे यदि देखा जाए, तो सरल गणित के क्षेत्र में इस अवधारणा को अपनाने की जरूरत भी नहीं है। उच्च गणित में ज्या-चाप एक नियत संक्रिया (समेकन) के अवश्यंभावी परिणाम के रूप में प्राप्त हुआ करता है; ज्या-चाप की अवधारणा और इसके द्योतन का जन्म इसी सिलसिले में हुआ है।

परिभाषा. arcsin x *ऐसा कोण है, जिसकी ज्या का मान* x *है* [arcsin x = एक्स मान वाली ज्या का चाप (कोण)]। arccos x, arctan x, arccot x, arcsec x और arccosec x की परिभाषाएं इसी प्रकार से दी जाती हैं। फलन arcsin x, arccos x आदि फलन sin x, cos x के प्रतीप फलन (दे. § 210) हैं, इसलिए इन्हें **प्रतीप त्रिकोणमितिक फलन** (अन्य शब्दों में, **चापीय फलन**) कहते हैं। सभी प्रतीप त्रिकोणमितिक फलन अनेकार्थी होते हैं, क्योंकि इन सब पर निम्न कथन लागू होता है; x के किसी एक नियत मान के लिए फलन के असंख्य मान होते हैं (क्योंकि असंख्य कोणों, जैसे α, $180° - \alpha$, $360° + \alpha$ आदि की ज्या एक ही होती है)।

arcsin x का **मुख्य मान** उसका वह मान है, जो $-\frac{\pi}{2}$ (या $-90°$) और $+\frac{\pi}{2}$ (या $+90°$) के बीच होता है। यथा, arcsin$\frac{\sqrt{2}}{2}$ का मुख्य मान $\frac{\pi}{4}$ है; arcsin $\left(-\frac{\sqrt{2}}{2}\right)$ का मुख्य मान $-\frac{\pi}{4}$ है।

arccos x का मुख्य मान उसका वह मान है, जो 0 से π ($+180°$) के बीच होता है। यथा, arccos$\frac{\sqrt{2}}{2}$ का मुख्य मान $\frac{\pi}{4}$ है; arccos $\left(-\frac{\sqrt{2}}{2}\right)$ का मुख्य मान $+\frac{3}{4}\pi$ है।

arccot x और arcsec x के मुख्य मान (arccos x के मानों की तरह ही) 0 और π के बीच होते हैं। arctan x और arccosec x के मुख्य मान (arcsin x के मानों की तरह) $-\frac{\pi}{2}$ और $+\frac{\pi}{2}$ के बीच होते हैं।

उदाहरण. arctan $(-1)=-\frac{\pi}{4}$,

arccot $\sqrt{3}=+\frac{\pi}{6}$, arcsec $(-2)=+\frac{2}{3}\pi$ मुख्य मान हैं।

यदि Arcsin x, Arccos x आदि से तदनुरूप प्रतीप त्रिकोणमितिक फलन के मनचाहे मान द्योतित किये जायें और मुख्य मानों के लिए arcsin x, arccos x आदि द्योतन रहने दिये जायें, तो प्रतीप त्रिकोणमितिक फलन के मानों का उसके मुख्य मान के साथ संबंध निम्न सूत्रों से व्यक्त होगा :

$$\text{Arcsin } x=k\pi+(-1)^k \arcsin x \quad (1)$$

$$\text{Arccos } x=2k\pi\pm\arccos x. \quad (2)$$

$$\text{Arctan } x=k\pi+\arctan x, \quad (3)$$

$$\text{Arccot } x=k\pi+\text{arccot } x, \quad (4)$$

जहां k कोई पूर्ण संख्या है (धन, ऋण या शून्य)।

प्रतीप त्रिकोणमितिक फलनों के ग्राफ § 215 में देखें।

उदाहरण 1. Arcsin $\frac{1}{2}=k\pi+(-1)^k \arcsin\frac{1}{2}=k\pi+(-1)^k\frac{\pi}{6}$.

$k=0$ होने पर फल : $0\cdot\pi+(-1)^0\frac{\pi}{6}=\frac{\pi}{6}$ (या 30° – मुख्य मान),

$k=1$ होने पर फल : $1\cdot\pi+(-1)\frac{\pi}{6}=\pi-\frac{\pi}{6}=\frac{5}{6}\pi$ (या 150°);

$k=2$ होने पर फल : $2\cdot\pi+(-1)^2\frac{\pi}{6}=2\pi+\frac{\pi}{6}=2\frac{1}{6}\pi$

(या 390°);

$k=-1$ होने पर फल : $-\pi+(-1)^{-1}\frac{\pi}{6}=-\pi-\frac{\pi}{6}=-1\frac{1}{6}\pi$

(या – 210°);

$k=-2$ होने पर फल : $-2\pi+(-1)^{-2}\frac{\pi}{6}=-2\pi+\frac{\pi}{6}=$

$$=-1\frac{5}{6}\pi \text{ (या } -330^\circ)$$

इत्यादि ।

उदाहरण 2. $\text{Arccos}\,\frac{1}{2}=2k\pi\pm\arccos\frac{1}{2}=2k\pi\pm\frac{\pi}{3}$

जब $k=0$, तो फल $\frac{\pi}{3}$ (या 60°) और $-\frac{\pi}{3}$ (या -60°) मिलता है; जब $k=1$, तो फल $2\pi+\frac{\pi}{3}=2\frac{1}{3}\pi$ (या 420°) और $2\pi-\frac{\pi}{3}=1\frac{2}{3}\pi$ (या 300°) मिलता है; इत्यादि ।

प्रतीप त्रिकोणमितिक फलनों के प्रमुख संबंध*

$$\sin \text{Arcsin}\, a=a, \quad \text{Arcsin}(\sin\alpha)=k\pi+(-1)^k\alpha,$$
$$\cos \text{Arccos}\, a=a, \quad \text{Arccos}(\cos\alpha)=2k\pi\pm\alpha,$$
$$\tan \text{Arctan}\, a=a, \quad \text{Arctan}(\tan\alpha)=k\pi+\alpha,$$
$$\cot \text{Arccot}\, a=a, \quad \text{Arccot}(\cot\alpha)=k\pi+\alpha,$$

$$\left.\begin{aligned}\arcsin a&=\arccos\sqrt{1-a^2}=\arctan\frac{a}{\sqrt{1-a^2}},\\ \arccos a&=\arcsin\sqrt{1-a^2}=\text{arccot}\frac{a}{\sqrt{1-a^2}},\\ \arctan a&=\text{arccot}\frac{1}{a}=\arcsin\frac{a}{\sqrt{1+a^2}}=\arccos\frac{1}{\sqrt{1+a^2}}\end{aligned}\right\}a>0 \text{ होने पर}$$

$$\arcsin a+\arccos a=\frac{\pi}{2},$$

* इस अनुच्छेद के सूत्रों में निहित मूल धनात्मक संख्याएं हैं ।

$$\text{arctan } a+\text{arccot } a=\frac{\pi}{2};\ \text{arcsec } a+\text{arccosec } a=\frac{\pi}{2}.$$

$$\text{Arcsin } a+\text{Arcsin } b=\text{Arcsin}(a\sqrt{1-b^2}+b\sqrt{1-a^2}),$$

$$\text{Arcsin } a-\text{Arcsin } b=\text{Arcsin}(a\sqrt{1-b^2}-b\sqrt{1-a^2}),$$

$$\text{Arccos } a+\text{Arccos } b=\text{Arccos}(ab-\sqrt{1-a^2}\sqrt{1-b^2}),$$

$$\text{Arccos } a-\text{Arccos } b=\text{Arccos}(ab+\sqrt{1-a^2}\sqrt{1-b^2}),$$

$$\text{Arctan } a+\text{Arctan } b=\text{Arctan}\frac{a+b}{1-ab},$$

$$\text{Arctan } a-\text{Arctan } b=\text{Arctan}\frac{a-b}{1+ab}.$$

$$\text{arcsin } a+\text{arcsin } b=\begin{cases}\text{arcsin}(a\sqrt{1-b^2}+b\sqrt{1-a^2})(a^2+b^2<1 \\ \text{होने पर; } a^2+b^2>1 \text{ होने पर भी, लेकिन} \\ ab<0), \\ \pm[\pi-\text{arcsin}(a\sqrt{1-b^2}+b\sqrt{1-a^2}] \\ (a^2+b^2>1 \text{ तथा } ab>0 \text{ होने पर}).\end{cases}$$

$$\text{arcsin } a-\text{arcsin } b=\begin{cases}\text{arcsin}(a\sqrt{1-b^2}-b\sqrt{1-a^2}) \\ (a^2+b^2\lessgtr 1, \text{ लेकिन } ab>0 \text{ होने पर}), \\ \pm[\pi-\text{arcsin}(a\sqrt{1-b^2}-b\sqrt{1-a^2})] \\ (a^2+b^2>1, \text{ लेकिन } ab<0 \text{ होने पर})\end{cases}$$

अंतिम दोनों सूत्रों में बड़े कोष्ठक के पहले धन चिह्न तब लेते हैं, जब a धनात्मक होता है; a के ऋणात्मक होने पर बड़े कोष्ठक के पहले ऋण चिह्न रखते हैं।

त्रिकोणमितिक फलनों की सारणी बनाने की विधि

परिधि का कोई चाप ($\overset{\frown}{MAM_1}$, चित्र 230) अपने चापकर्ण MPM_1 से सदैव अधिक लंबा होता है, अतः $\frac{\overset{\frown}{MAM_1}}{MPM_1}>1$ होगा। पर केंद्रस्थ कोण

(केंद्रीय कोण) MOM_1 जितना ही छोटा होगा, व्यतिमान $\frac{\overset{\frown}{MAM_1}}{MPM_1}$ इकाई से उतना ही **निकट** होगा, अर्थात् चाप को उसके चाप-कर्ण के बराबर मानने से त्रुटि भी उतनी ही कम होगी। यथा, केंद्रस्थ कोण $10°$ होने पर चाप MM_1 की लंबाई $0.174533\ r$ के बराबर होती है (r परिधि की त्रिज्या है) और उसके चापकर्ण की लंबाई $0.174312\ r$ के बराबर होती है, अत:

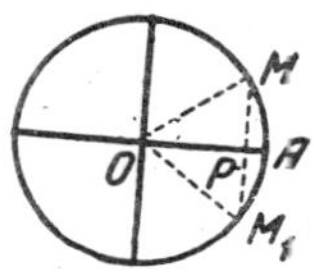

चित्र 230

$$\frac{1.174533\ r}{0.174312\ r} \approx 1.001$$

मिलता है, जिसका अर्थ है कि चाप को उसके चापकर्ण के बराबर मानने से त्रुटि $0.0002\ r$ होगी, जो केवल एक बटा दस प्रतिशत के बराबर होगी।

$2°$ कोण होने पर सापेक्षिक त्रुटि लगभग 10 गुनी कम होगी : चाप $0.034907\ r$ के बराबर होगा और उसका चापकर्ण $0.034904\ r$ के बराबर होगा। इनका व्यतिमान $\frac{0.034907\ r}{0.034904\ r} \approx 1.0001$ है। यहां चाप को उसके चापकर्ण के बराबर मानने से त्रुटि सिर्फ एक बटा सौ प्रतिशत के करीब होगी।

दूसरी ओर से, चाप MAM_1 और उसके चापकर्ण MPM_1 का व्यतिमान रेडियनी माप में कोण MOA (कोण MOM_1 के आधे) और उसकी ज्या के व्यतिमान के बिल्कुल ठीक-ठीक बराबर होता है : $\overset{\frown}{MAM_1} : MPM_1 =$

$2\ \overset{\frown}{MA} : 2\ MP = \overset{\frown}{MA} : MP = \frac{\overset{\frown}{MA}}{R} : \frac{MP}{R}$; लेकिन $\frac{\overset{\frown}{MA}}{R}$ कोण MOA की रेडियनी माप है (§ 182) और $\frac{MP}{R}$ इसी कोण की ज्या है।

इसका मतलब यह हुआ कि $\sin \alpha$ को कोण α के (रेडियन माप में) मान के बराबर मानने पर त्रुटि बहुत कम होगी, बशर्ते कि कोण α बहुत छोटा है। पर्याप्त छोटा कोण लेकर इसकी ज्या का मान आवश्यक शुद्धता के साथ ज्ञात किया जा सकता है। इसके बाद त्रिकोणमितिक फलनों की पूरी सारणी तैयार कर ली जा सकती है।

मान लें कि हमने $\sin 30'$ का मान ज्ञात किया है। तब सूत्र $\cos 30' = \sqrt{1-\sin^2 30'}$ की सहायता से इस कोण की कोज्या ज्ञात कर ले सकते हैं। इसके बाद पृ. 401 के सूत्रों से $\tan 30'$ $\cot 30'$ आदि भी ज्ञात हो सकते हैं। अब सूत्र $\sin 2\alpha = 2 \sin \alpha \cos \alpha$ और $\cos 2\alpha = \cos^2 \alpha - \sin^2\alpha$ की मदद से $\sin (2 \times 30') = \sin 1°$ और $\cos 1°$ का मान कलित कर सकते हैं। फिर कोणों के योग वाले सूत्रों (§ 196) की सहायता से $\sin (1° + 30')$ और $\cos (1° + 30')$ के मान ज्ञात करते हैं। $1°30'$ और $30'$ कोणों की ज्या और कोज्या ज्ञात रहने पर $\sin 2°$, $\cos 2°$ भी ज्ञात हो जायेंगे, इत्यादि।

इस तरह से त्रिकोणमितिक फलनों की सारणी बनायी जा सकती है (लेकिन इस विधि का उपयोग करने से पहले पर्याप्त शुद्धता से संख्या π का मान ज्ञात होना चाहिए, अन्यथा कोण की रेडियनी माप नहीं मिलेगी)। कहने की आवश्यकता नहीं कि कलन की प्रक्रिया बहुत जटिल होगी। 18वीं शती तक सारणी बनाने वाले लोग (§ 181) इसी जटिल विधि को व्यवहार में लाते थे। वर्तमान समय में अधिक द्रुत विधियां हैं; ये उच्च गणित पर आधारित हैं।

त्रिकोणमितिक समीकरण

त्रिकोणमितिक फलन के प्रतीक के अधीन स्थित अज्ञात राशि से युक्त समीकरण को **त्रिकोणमितिक समीकरण*** कहते हैं।

उदाहरण 1. $\sin y = \frac{1}{2}$ एक त्रिकोणमितिक फलन है। इसके मूल हैं: $y = 30°$, $y = 180° - 30° = 150°$, $y = 2 \cdot 180° + 30° = 390°$, $y = 3 \cdot 180° - 30° = 510°$ आदि के साथ-साथ $y = -180° - 30° = -210°$, $y = -2 \cdot 180° + 30° = -330°$ आदि भी।

हल को व्यापक रूप में (अर्थात् सभी मूलों को एक व्यंजन द्वारा) निम्न

* कुछ गणितज्ञ मानते हैं कि समीकरण में अज्ञात राशि को *सिर्फ* त्रिकोणमितिक फलन के प्रतीक के अधीन ही होना चाहिए; केवल तभी समीकरण को त्रिकोणमितिक समीकरण कह सकते हैं। यह एक संकीर्ण दृष्टिकोण है, इसका अनुसरण करने पर उदाहरण 3 में प्राप्त समीकरण को हम त्रिकोणमितिक नहीं कह सकेंगे। नाम "त्रिकोणमितिक फलन" से चाहे जो भी अर्थ लगाया जाये, ऐसे समीकरणों पर विचार करना भी कई तरह से लाभदायक होगा, जिनमें अज्ञात राशि सिर्फ त्रिकोणमितिक फलन के प्रतीक के अधीन ही नहीं है, अन्य स्थानों पर (संबन्धों में) भी है।

प्रकार से व्यक्त कर सकते हैं (तुलना करें § 203 के सूत्र (1) से) :

$$y = k \cdot 180^\circ + (-1)^k \cdot 30^\circ,$$

जहां k स्वच्छंद पूर्ण संख्या (धन, ऋण या शून्य) है।

एक हल, जैसे $y = 30^\circ$, पर विचार करते हैं। इसे $y = 1800'$ भी लिख सकते हैं, या $y = 108000''$ लिख सकते हैं; $y = \frac{\pi}{6} \approx 0.5236$ rad भी लिख सकते हैं। इस प्रकार, समीकरण $\sin y = \frac{1}{2}$ में अज्ञात राशि y कोण की मात्रा है, उसकी सांख्यिक माप नहीं है। सांख्यिक माप कोण नापने की इकाई के चयन पर निर्भर करती है (जो डिग्री, मिनट, रेडियन आदि हो सकती है)।

अज्ञात राशि को कोण की सांख्यिक माप भी मान सकते हैं, पर इसके लिए यह निर्दिष्ट करना आवश्यक है कि कोण किस इकाई में नापा जा रहा है (दे. उदाहरण 2)।

उदाहरण 2. चापकर्ण AK (चित्र 231) परिधि की त्रिज्या $R = OA$ के तुल्य है। केंद्रस्थ कोण AOK में कितनी डिग्री होगी।

यहां इष्ट राशि एक *संख्या* है। यदि इसे x द्वारा द्योतित किया जाये, तो कोण AOK की मात्रा x° होगी ($\angle AOK = x^\circ$)। कोण AOK की समद्वि-भाजक रेखा OD खींचें, जिससे $\angle AOD = \left(\frac{x}{2}\right)^\circ$ होगा। चूंकि $AK = 2AD$ $= 2\ OA \sin \angle AOD = 2R \sin\left(\frac{x}{2}\right)^\circ$; लेकिन शर्त्त के अनुसार $AK = R$, इसलिए समीकरण प्राप्त होता है :

$$2R \sin\left(\frac{x}{2}\right)^\circ = R,$$

$$\text{या } \sin\left(\frac{x}{2}\right)^\circ = \frac{1}{2}.$$

इस समीकरण का एक हल है $x = 60$.

स्कूलों में अक्सर ऐसे प्रश्न हल किये जाते हैं, जिनके लिए समीकरण गढ़ने की दोनों ही विधियां काम आ सकती हैं; प्रथम विधि का उपयोग अधिक होता है। पर व्यवहार में प्रायः ऐसी समस्याएं खड़ी होती हैं, जिनमें प्रथम विधि उपयुक्त नहीं होती। (दे. उदाहरण 3)।

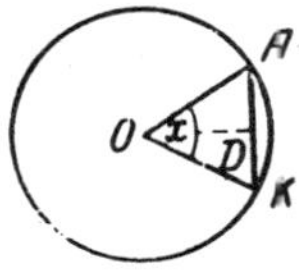

चित्र 231

उदाहरण 3. परिधि का चाप AK (चित्र 231)

अपने चापकर्ण से $\frac{\pi}{3} \approx 1.0472$ गुना अधिक है। केंद्रस्थ कोण AOK ज्ञात करें।

यहां दूसरी विधि का उपयोग करते हैं। x द्वारा इष्ट कोण की डिग्रीपरक माप व्यक्त करते हैं (अर्थात् x कोई *संख्या* है)।

उदाहरण 2 की तरह ही $AK = 2R \sin\left(\frac{x}{2}\right)^{\circ}$ प्राप्त करते हैं। चाप $\overset{\frown}{AK}$ की डिग्रीपरक माप भी x ही है, अर्थात् चाप $\overset{\frown}{AK}$ की लंबाई परिधि $2\pi R$ का $\frac{x}{360}$ अंश है। अतः

$$\overset{\frown}{AK} = \frac{x}{360}\, 2\pi R = \frac{\pi R x}{180}.$$

शर्त्त के अनुसार $\frac{\overset{\frown}{AK}}{AK} = \frac{\pi}{3}$ है। अतः समीकरण मिलता है :

$$\frac{\pi Rx}{180} : 2R \sin\left(\frac{x}{2}\right)^{\circ} = \frac{\pi}{3},$$

अर्थात्

$$x : \sin\left(\frac{x}{2}\right)^{\circ} = 120 \qquad (1)$$

इस समीकरण का (एकमात्र) हल $x = 60$ है, अर्थात् कोण AOK का मान 60° के बराबर है।

यदि अज्ञात x को हम कोण AOK की मिनट में माप मानते, तो निम्न समीकरण मिलता :

$$x : \sin\left(\frac{x}{2}\right) = 7200 \qquad (2)$$

(इसका मूल $x = 3600$ है, अर्थात् $\angle AOK = 3600'$ है)।

इस प्रकार, कोण मापने की अन्य इकाई अपनाकर हम सारतः नया समीकरण प्राप्त करते हैं। इसका मतलब है कि विचाराधीन प्रश्न के लिए ऐसा समीकरण गढ़ना संभव ही नहीं है, जिसमें वर्ण x कोण की सांख्यिक माप नहीं, उसकी मात्रा को द्योतित करे।

टिप्पणी. यदि x द्वारा कोण AOK की रेडियनी माप द्योतित की जाये, तो निम्न समीकरण मिलेगा :

$$x : \sin \frac{x}{2} = \frac{2}{3}\pi \tag{3}$$

(इसका मूल $x=\frac{\pi}{3}$ है) ।

इस समीकरण के बाह्य रूप को देख कर सोचा जा सकता है कि x द्वारा कोण AOK की मात्रा ज्ञात की जा रही है, उसकी सांख्यिक माप नहीं। पर वास्तव में यहां वर्ण x कोण AOK की रेडियनी माप है, क्योंकि समीकरण (3) समीकरण $(x : \sin \frac{x}{2})$ rad$=\frac{2}{3}\pi$ का संक्षिप्त रूप भर है । इसी तरह से हम समीकरण (1) को भी निम्न प्रकार से लिख सकते हैं :

$$x : \sin \frac{x}{2} = 120.$$

त्रिकोणमितिक समीकरण हल करने की युक्तियाँ

त्रिकोणमितिक समीकरण हल करने के लिए अज्ञात राशि का कोई एक त्रिकोणमितिक फलन ज्ञात करने की कोशिश करते हैं; फिर सारणियों की सहायता से अज्ञात राशि का मान (सामान्यतया सन्निकृत रूप में) प्राप्त करते हैं । हल को व्यापक रूप में § 203 के सूत्रों से व्यक्त करते हैं ।

एक ही समीकरण को कई विधियों से हल किया जा सकता है । इसमे § 198 और विशेषकर §§ 196, 197 के सूत्र काम आ सकते हैं ।

त्रिकोणमितिक समीकरण का कोई रूपांतरण करते समय इस बात का खयाल रखना चाहिए कि रूपांतरित और आरंभिक समीकरण समतुल्य रहें ।

वैसे, कभी-कभी ऐसे रूपांतरण भी लाभप्रद होते हैं जिन्हें समतुल्यता की पहले से कोई गारंटी नहीं दी जा सकती । अतिरिक्त मूल प्राप्त होने पर (जैसे, समीकरण के दोनों पक्षों का वर्ग करने पर; दे. उदाहरण 5 तथा 6) सभी प्राप्त उत्तरों की जांच अवश्य ही कर लेनी चाहिए । यदि किन्हीं मूलों के लुप्त होने की संभावना है, तो यह निर्धारित करना चाहिए कि कौन से मूल लुप्त हो सकते हैं और सचमुच में लुप्त हुए हैं या नहीं ।

मूल-लोप का खतरा अक्सर आसानी से टाला जा सकता है । एक उदाहरण

से इसे स्पष्ट करते हैं। मान लें कि समीकरण $\tan x = 2 \sin x$ प्रत्त है। इसे $\frac{\sin x}{\cos x} = 2 \sin x$ के रूप में लिखते हैं। यदि दोनों पक्षों में $\sin x$ से भाग दें, तो समीकरण $\frac{1}{\cos x} = 2$ प्राप्त होगा, जो प्रत्त के समतुल्य नहीं है : समीकरण $\sin x = 0$ के मूल लुप्त हो जाते हैं। इसलिए निम्न युक्ति अपनाई जा सकती है। $2 \sin x$ को बायें लाते हैं और $\sin x$ को कोष्ठक से बाहर कर देते हैं। इससे प्रत्त का समतुल्य समीकरण $\sin x\left(\frac{1}{\cos x} - 2\right) = 0$ मिलता है। यह सिर्फ दो स्थितियों में सन्तुष्ट होता है : (1) जब $\sin x = 0$ होता है, (2) जब $\frac{1}{\cos x} = 2$, अर्थात् $\cos x = \frac{1}{2}$ होता है। प्रथम स्थिति में $x = kx$ है और दूसरी स्थिति में $x = 2k\pi \pm \frac{\pi}{3}$ है। हमें सभी मूल प्राप्त हो जाते हैं।

टिप्पणी. किसी एक संगुणक को शून्य के बराबर करते समय यह देख लेना चाहिए कि कहीं दूसरा संगुणक *अनंत में तो नहीं परिणत हो रहा है।* हमारे उदाहरण में $\sin x = 0$ होने पर $\cos x = \pm 1$ होता है, अतः $\frac{1}{\cos x} - 2$ का मान -1 या -3 होता है। $\cos x = \frac{1}{2}$ होने पर $\sin x = \pm \frac{\sqrt{3}}{2}$ होता है।

यदि दूसरा संगुणक अनंत में परिणत होता है, तो फल सामान्यतया गलत प्राप्त होता है। उदाहरण के लिए मान लें कि समीकरण $\sin x = 0$ दिया गया है। इसे समतुल्य रूप $\cos x \cdot \tan x = 0$ में लिख सकते हैं; पर $\cos x = 0$ नहीं मान सकते; $\cos x = 0$ होने पर समीकरण $\sin x = 0$ संतुष्ट नहीं होता, यह स्पष्ट है। गलती का स्रोत यह है कि $\cos x = 0$ होने पर $\tan x$ अनंत में परिणत हो जाता है $\left(\tan x = \frac{\pm\sqrt{1-\cos^2 x}}{\cos x}\right)$।

त्रिकोणमितिक समीकरण हल करने की सरलतम विधि (कोई जरूरी नहीं कि यह लघुतम भी हो) यह है कि समीकरण में उपस्थित सभी त्रिकोणमितिक फलनों को किसी एक राशि के एक त्रिकोणमितिक फलन द्वारा व्यक्त करते हैं, उदाहरणतया $\sin x$ या $\tan x$, या $\tan \frac{x}{2}$ द्वारा व्यक्त करते हैं (पृष्ठ 401

की सारणी और § 21 में प्रत्त $\sin \alpha$, $\cos \alpha$, $\tan \alpha$ के सूत्रों की सहायता से)।

उदाहरण 1. $3+2 \cos \alpha=4 \sin^2 \alpha$.

यहां $\sin^2 \alpha$ को $\cos \alpha$ में व्यक्त करना सुविधाजनक होगा। सूत्र है $\sin^2 \alpha= 1-\cos^2 \alpha$। इससे समतुल्य समीकरण $3+2 \cos \alpha=4(1-\cos^2 \alpha)$ या $4 \cos^2 \alpha+2 \cos \alpha-1=0$ मिलता है, जो $\cos \alpha$ के सापेक्ष वर्ग-समीकरण है; इससे $\cos \alpha$ के दो मान मिलते हैं :

$$(\cos \alpha)_1=\frac{-1+\sqrt{5}}{4}=0.3090,$$

$$(\cos \alpha)_2=\frac{-1-\sqrt{5}}{4}=-0.8090,$$

जिससे $\alpha=360° k \pm 72°00'$ और $\alpha=360° k \pm 144°00'$ प्राप्त होता है।

उदाहरण 2. $\dfrac{3}{\cos^2 x}=8 \tan x-2.$

यहां $\cos^2 x$ को $\tan x$ में व्यक्त करना सुविधाजनक है। सूत्र $\cos^2 x= \dfrac{1}{1+\tan^2 x}$ है। निम्न समतुल्य समीकरण प्राप्त होता है :

$$3 \tan^2 x-8 \tan x+5=0,$$

जिससे $(\tan x)_1=1$, $(\tan x)_2=\frac{5}{3}$ है। समीकरण के हल हैं : $x=180° k+45°$ और $x=180' k+59°02'$ (प्रथम सूत्र शुद्ध है, दूसरा सन्निकृत है)।

उदाहरण 3. $\sin^2 x-5 \sin x \cos x-6 \cos^2 x=0$

समीकरण के दोनों पक्षों को $\cos^2 x$ से भाग देकर निम्न समीकरण प्राप्त करना सरल है :

$$\tan^2 x-5 \tan x-6=0.$$

यहां $\cos x$ से भाग देने पर मूल लुप्त नहीं होते; प्रत्त समीकरण में $\cos x=0$ रखने पर $\sin x=0$ प्राप्त होता है, पर समीकरण $\cos x=0$ और $\sin x=0$ असंगत हैं (साथ-साथ नहीं रह सकते, एक बार में कोई एक समीकरण ही सत्य हो सकता है)।

समीकरण $\tan^2 x-5 \tan x-6=0$ से $(\tan x)_1=6$ और $(\tan x)_2= -1$ प्राप्त होते हैं। मूल $x=80°32'+180° k$ और $x=-45°$ $180° k$ होंगे।

उदाहरण 4. $2 \sin^2 x + 14 \sin x \cos x + 50 \cos^2 x = 26.$

यहां $\cos x$ को $\sin x$ में (या उलटा) व्यक्त करना युक्तिसंगत नहीं है, क्योंकि इससे दूसरे पद में अव्यतिमान का समावेश हो जायेगा। इसे दूर तो किया जा सकता है (इस पद को अकेले कर लेने के बाद समीकरण का वर्ग करके), लेकिन इससे अतिरिक्त मूलों के उत्पन्न होने का खतरा है, इसलिए हल जटिल हो जाता है।

इस प्रश्न में $\sin x$ और $\cos x$ दोनों को $\tan x$ में व्यक्त करना ज्यादा अच्छा रहेगा। सूत्र $\sin x = \frac{\tan x}{\pm\sqrt{1+\tan^2 x}}$ और $\cos x = \frac{1}{\pm\sqrt{1+\tan^2 x}}$ हैं। इन सूत्रों में चिह्न या तो दोनों ऊपरी लेते हैं या दोनों निचले लेते हैं (क्योंकि $\sin x : \cos x$ को $\tan x$ के बराबर होना चाहिए, $-\tan x$ के बराबर नहीं)। निम्न समतुल्य समीकरण प्राप्त होता है :

$$\frac{2 \tan^2 x + 14 \tan x + 50}{1 + \tan^2 x} = 26.$$

अंशनाम से छुटकारा पाते हैं। अतिरिक्त मूल नहीं उत्पन्न होंगे, क्योंकि $1 + \tan^2 x$ शून्य के बराबर नहीं हो सकता। समरूप पदों को साथ जोड़ने-घटाने के बाद निम्न समतुल्य समीकरण* प्राप्त होता है :

$$24 \tan^2 x - 14 \tan x - 24 = 0.$$

इससे $(\tan x)_1 = \frac{4}{3}$, $(\tan x)_2 = -\frac{3}{4}$ प्राप्त होता है।

हल हैं : $x = 53°07' + 180° k$, $x = -36°52' + 180° k.$

उदाहरण 5. $\sin x + 7 \cos x = 5.$ (1)

$\sin x$ को $\cos x$ में व्यक्त करते हैं, जिससे :

$$\pm\sqrt{1 - \cos^2 x} + 7 \cos x = 5 \quad (2)$$

या $$\pm\sqrt{1 - \cos^2 x} = 5 - 7 \cos x.$$

यदि $\cos x$ के मान ज्ञात होते, तो हमें पता होता कि वर्गमूल-चिह्न के पहले कौन सा चिह्न (धन या ऋण) रखना चाहिए। पर समीकरण (1) के

* यह समीकरण निम्न कृत्रिम विधि से और जल्दी प्राप्त हो सकता है : दायें पक्ष को 26 $(\sin^2 x + \cos^2 x)$ के रूप में लिखते हैं (क्योंकि $\sin^2 x + \cos^2 x = 1$ है); फिर सभी पदों को बायें लाकर $\cos^2 x$ से भाग देते हैं।

मूल अज्ञात होने के कारण दोनों चिह्न रखने पड़ते हैं। इसलिए समीकरण (2) समीकरण (1) के समतुल्य नहीं है। हमने अतिरिक्त मूल समाविष्ट कर दिये हैं। समीकरण (2) का वर्ग करके समरूप पद साथ कर लेने पर समीकरण

$$50 \cos^2 x - 70 \cos x + 24 = 0, \qquad (3)$$

प्राप्त होता है, जो (1) के समतुल्य नहीं, (2) के समतुल्य है।

इससे $(\cos x)_1 = 0.8$ और $(\cos x)_2 = 0.6$ प्राप्त होते हैं।

अतः $x = \pm 36°52' + 360°\,k$ और $x = \pm 53°07' + 360°\,k$ प्राप्त होते हैं।

प्राप्त मूलों की जांच करते हैं। (1) में $\cos x = 0.8$ रखने पर $\sin x = 5 - 7\cos x = 5 - 5.6 = -0.6$। इसका अर्थ है कि मूल $x = +36°52' + 360°\,k$ फालतू हैं, क्योंकि इन कोणों की ज्याएं $+0.6$ के बराबर हैं (ये कोण प्रथम चतुर्थांश में हैं)। मूल $-36°52' + 360°\,k$ समीकरण (1) के ही हैं, क्योंकि इन कोणों की ज्याएं -0.6 के बराबर हैं।

अब समीकरण (1) में मान $\cos x = 0.6$ रखते हैं, जिससे $\sin x = 0.8$ मिलता है। इसका निष्कर्ष यह है कि मूल $x = +53°07' + 360°\,k$ समीकरण (1) के ही हैं (इन कोणों की ज्याएं सचमुच 0.8 के बराबर हैं), लेकिन मूल $x = -53°07' + 360°\,k$ फालतू हैं (इन कोणों की ज्याएं -0.8 के बराबर हैं)।

समीकरण (1) के हल निम्न होंगे*:

$x = -36°52' + 360°\,k$ और $x = 53°07' + 360°\,k$.

उदाहरण 6. उदाहरण 5 का समीकरण अधिक व्यापक समीकरण $a \sin x + b \cos x = c$ का एक विशिष्ट रूप है। इस तरह का व्यापक रूप रखने वाले सभी समीकरण उपरोक्त विधि से हल हो सकते हैं। पिछले उदाहरण

$$\sin x + 7 \cos x = 5 \qquad (1)$$

द्वारा ही दो और विधियां यहां नीचे दी जा रही हैं।

---

* समीकरण (1) को समतुल्य रूप $\sin x = 5 - 7\cos x$ में लिखकर दोनों पक्षों का वर्ग करते हैं, जिससे $\sin^2 x = (5 - 7\cos x)^2$ मिलता है; पर यह समीकरण (1) के समतुल्य नहीं है, क्योंकि $-\sin x = 5 - 7\cos x$ से भी यही मिलता है। $\sin^2 x$ की जगह $1 - \cos^2 x$ रखकर पुनः (3) प्राप्त करते हैं; बाद में ऊपर वर्णित विधि की तरह ही हल निकालना जारी रखते हैं।

प्रथम विधि. वर्ग करते हैं (इससे फालतू मूलों का समावेश हो जाता है)* तो प्राप्त होता है :

$$\sin^2 x + 14 \sin x \cos x + 49 \cos^2 x = 25.$$

उदाहरण 4 में बतायी गयी विधियों में से किसी के द्वारा समीकरण $24 \tan^2 x - 14 \tan x - 24 = 0$ प्राप्त करते हैं। उदाहरण 4 में यही समीकरण मिला था, इसलिए पुनः $(\tan x)_1 = \frac{4}{3}$ और $(\tan x)_2 = -\frac{3}{4}$ मिलेगा। लेकिन यहां मूल $x = 53°07' + 180°\ k$ और $x = -36°52' + 180°\ k$ में से जो फालतू हैं, उनका बहिष्कार करना होगा। $\operatorname{tg} x = \frac{4}{3}$ रखने पर या तो $\sin x = 0.8, \cos x = 0.6$ मिलता है या $\sin x = -0.8, \cos x = -0.6$। (1) में ये मान रखकर देख ले सकते हैं कि सिर्फ पहला जोड़ा मान ही काम आता है, अर्थात् कोण x प्रथम चतुर्थांश में है। इसका मतलब है कि मूलों की संचि $x = 53°07' + 180°\ k$ में से सिर्फ वही काम आते हैं, जो k का मान सम संख्याओं के बराबर लेने से प्राप्त होते हैं। $k = 2k'$ मान कर $x = 53°07' + 360°\ k'$ प्राप्त करते हैं। इसी तरह से पता चलता है कि मूल-संचि $x = -36°52' + 180°\ k$ में से सिर्फ वे कामलायक हैं, जो k सम संख्या लेने से प्राप्त होते हैं, अर्थात्

$$x = -36°52' + 360°\ k' \text{ है।}$$

दूसरी विधि. $\sin x$ और $\cos x$ को $\tan \frac{x}{2}$ में व्यक्त करें (दे. § 200 में सूत्र)। सरल करने के बाद समतुल्य समीकरण $12 \tan^2 \frac{x}{2} - 2 \tan \frac{x}{2} - 2 = 0$ मिलता है, जिससे

$$\left(\tan \frac{x}{2}\right)_1 = \frac{1}{2}; \quad \left(\tan \frac{x}{2}\right)_2 = -\frac{1}{3}.$$

$\frac{x}{2} \approx 26°34' + 180°\ k$ और $\frac{x}{2} \approx -18°26' + 180°\ k$ है। मूल होंगे : $x \approx = 53°08' + 360°\ k$ और $x \approx -36°52' + 360°\ k$। इस विधि से लाभ यह है कि इससे अतिरिक्त मूल नहीं समाविष्ट होते हैं।

---

* दे. पिछली पाद-टिप्पणी।

टिप्पणी. दूसरी विधि अधिक व्यापक है। जब त्रिकोणमितिक समीकरण को ऐसा रूप दिया जाता है, जिसमें सिर्फ एक कोण के त्रिकोणमितिक फलन होते हैं, तो इन सभी फलनों को § 200 के सूत्रों द्वारा आधे कोण की स्पज में व्यक्त कर सकते हैं। कलन इस विधि में अधिक जटिल और श्रमसाध्य हो जाते हैं, पर कृत्रिम विधियों के उपयोग से छुटाकरा मिल जाता है और अधिकांशत: फालतू मूल भी नहीं उत्पन्न होते हैं।

फलन, ग्राफ

स्थिर और परिवर्ती राशियां

प्रकृति के नियमों के अध्ययन में गणित के प्रयोग और तकनीक में उनके उपयोग के कारण गणित में परिवर्ती राशियों को तथा उनके वैपरीत्य के रूप में स्थिर राशियों को अपनाने की आवश्यकता पड़ी। **परिवर्ती राशि** *ऐसी राशि को कहते हैं, जो प्रत्त प्रश्न की परिस्थितियों में विभिन्न मान ग्रहण कर सकती है।* **स्थिर राशि** *प्रत्त प्रश्न की परिस्थितियों में अपना मान स्थिर रखती है।* एक ही राशि एक प्रश्न में स्थिर बनी रह सकती है, तो दूसरे प्रश्न में परिवर्ती राशि हो जा सकती है।

उदाहरण. पानी उबलने का तापक्रम T अधिकांश भौतिकीय प्रश्नों में एक स्थिर राशि ($T = 100°C$) होता है, पर जिन प्रश्नों में वातावरण के दाब में होने वाले परिवर्तनों को ध्यान में रखना पड़ता है, उनमें T एक परिवर्ती राशि होती है।

स्थिर और परिवर्ती राशियों में भेद करने की आवश्यकता उच्च गणित में विशेष रूप से होती है; सरल गणित में मुख्य भूमिका राशियों के ज्ञात और अज्ञात राशियों में विभाजन की होती है। उच्च गणित में भी यह विभाजन बना रहता है, पर इसकी भूमिका मुख्य नहीं होती।

परिवर्ती राशियों को ज्यादातर लातीनी वर्णमाला के अंतिम वर्णों ..., x, y, z से द्योतित करते हैं और स्थिर राशियों को आरंभिक वर्णों $a, b, c, ...$ से द्योतित करते हैं।

दो परिवर्ती राशियों के बीच फलनक निर्भरता

जब दो परिवर्ती राशियों x, y में से किसी एक के सभी संभव मानों में से प्रत्येक मान के अनुरूप दूसरी राशि कोई एक या कई नियत मान रखती है, तो कहते हैं कि राशियाँ x, y परस्पर **फलनक निर्भरता** (फलनात्मक निर्भरता) द्वारा संबन्धित हैं।

उदाहरण 1. पानी उबलने का तापक्रम T और वातावरण का दाब p फलनक निर्भरता द्वारा परस्पर संबंधित होते हैं, क्योंकि T के हर मान के लिए p का एक नियत मान होता है, और विलोम । यथा, $T=100^{\circ}C$ होने पर p लगभग 760 mm ऊँचे पारद-स्तंभ के दाब के बराबर (760 mm Hg) होता है, $T=70^{\circ}C$ होने पर $p=234$ mm Hg होता है, इत्यादि । इसके विपरीत, वातावरण का दाब p और हवा की सापेक्षिक आर्द्रता x (दोनों राशियों पर परिवर्ती राशियों की तरह विचार किया जा रहा है), फलनक रूप से एक-दूसरे पर निर्भर नहीं करते : यदि ज्ञात है कि $x=90\%$ है, तो इससे p के मान के बारे में कुछ भी निश्चित रूप से नहीं कहा जा सकता ।

उदाहरण 2. समबाहु त्रिभुज का क्षेत्रफल S उसकी परिमिति p के साथ फलनक निर्भरता द्वारा संबंधित है । सूत्र $S=(\sqrt{3}:36)p^2$ इस निर्भरता को व्यक्त करता है ।

यदि इस बात पर जोर देने की आवश्यकता होती है कि विचाराधीन प्रश्न में परिवर्ती राशि y के मान परिवर्ती राशि x के प्रत्त मानों से ज्ञात करते हैं, तो x को **स्वतंत्र परिवर्ती राशि** या **अनुतर्क** (=निष्कर्ष का *आधार*) कहते हैं और y को **निर्भर परिवर्ती राशि** या **फलन** कहते हैं ।

उदाहरण 3. यदि हम समबाहु त्रिभुज की परिमिति p के मान के आधार पर उसके क्षेत्रफल S के मान के बारे में कोई निष्कर्ष निकालना चाहते हैं (दे. उदाहरण 2), तो p अनुतर्क (स्वतंत्र परिवर्ती) होगा और S फलन (निर्भर परिवर्ती) होगा ।

स्वतंत्र परिवर्ती राशि को ज्यादातर x से द्योतित करते हैं ।

यदि अनुतर्क x का हर अलग मान फलन y के सिर्फ एक-एक मान के अनुरूप होता है, तो फलन को **एकार्थक फलन** कहते हैं । यदि अनुतर्क x का हर मान फलन y के दो या अधिक मानों के अनुरूप होता है, तो फलन को **अनेकार्थक फलन** द्वयर्थी, त्रयर्थी, आदि) कहते हैं ।

उदाहरण 4. पिंड ऊपर फेंका गया है; s जमीन से उसकी ऊंचाई है, t – फेंकने के क्षण से बीता हुआ समय है । राशि s राशि t का एकार्थी फलन है, क्योंकि समय के हर क्षण पर फेंके गये पिंड की जमीन से ऊँचाई सिर्फ कोई एक नियत मान ही ग्रहण करती है । राशि t राशि s का द्वयर्थी फलन है, क्योंकि पिंड किसी भी प्रत्त ऊँचाई पर दो बार पहुँचता है—एक बार ऊपर जाते वक्त और दूसरी बार नीचे गिरते वक्त ।

परिवर्ती राशियों s, t को संबंधित करने वाला सूत्र $s=v_0t-\frac{1}{2}gt^2$ (आरंभिक वेग v_0 और पृथ्वी के गुरुत्व-बल का त्वरण g दी हुई स्थिति में स्थिर राशियां हैं) यह दिखाता है कि t के प्रत्त मान के लिए s का सिर्फ एक मान होगा, लेकिन s के प्रत्त मान के लिए t के दो मान होंगे, जो वर्ग-समीकरण

$$\frac{1}{2}gt^2-v_0t+s=0$$

द्वारा निर्धारित होते हैं।

प्रतीप फलन

फलन को लंछित करने (उसकी मुख्य प्रकृति की पहचान करने) में इस बात का कोई महत्त्व नहीं होता कि फलन और अनुतर्क किन वर्णों से द्योतित किये जा रहे हैं। यथा, यदि $y=x^2$ और $u=v^2$ प्रदत्त हैं, तो x का y वैसा ही फलन है जैसा v का u। दूसरे शब्दों में, x^2 तथा v^2 एक ही फलन हैं, यद्यपि अनुतर्क विभिन्न वर्णों से द्योतित किये गये हैं।

पर यदि प्रत्त फलनक निर्भरता में अनुतर्क और फलन की भूमिकाओं की अदला-बदली की जाती है, तो एक नया फलन प्राप्त होता है, जिसे **आरंभिक फलन के सापेक्ष प्रतीप फलन** कहते हैं।

उदाहरण 1. मान लें कि तर्क v का फलन u प्रदत्त है :

$$u=v^2.$$

अनुतर्क और फलन की भूमिकाओं की अदला-बदली का अर्थ है v द्वारा u नहीं, बल्कि u द्वारा v ज्ञात करने के लिए सूत्र $v=\sqrt{u}$ स्थापित करना, जिसमें अनुतर्क u का फलन v हो गया है। यदि दोनों स्थितियों में अनुतर्क को किसी एक वर्ण x से द्योतित किया जाये, तो आरंभिक फलन x^2 होगा और इसका प्रतीप फलन $\sqrt{x}$ होगा।

उदाहरण 2. $\sin x$ का प्रतीप फलन $\text{Arcsin}\, x$ है। सचमुच में, यदि $y=\sin x$, तो $x=\text{Arcsin}\, y$ (§ 203)।

प्रतीप फलनों का ग्राफ देखें § 215 में, संदर्भ 8।

फलन का सूत्र तथा सारणी द्वारा चित्रण

अनेक फलनक निर्भरताएं सरल सूत्रों द्वारा (शुद्ध-शुद्ध या सन्निकृत रूप मे) व्यक्त की जा सकती हैं। उदाहरणतया, वृत्त के क्षेत्रफल S और त्रिज्या r की

पारस्परिक निर्भरता सूत्र $S = \pi r^2$ से व्यक्त होती है; प्रक्षिप्त (फेंके गये) पिंड की ऊँचाई s और फेंकने के बाद बीते समय t की पारस्परिक निर्भरता (व्यति-निर्भरता) सूत्र $s = v_0 t - \frac{1}{2}gt^2$ द्वारा व्यक्त होती है। अंतिम सूत्र सारतः एक सन्निकृत सूत्र है, क्योंकि इसमें न तो हवा के प्रतिरोध को ध्यान में रखा गया है, न ऊँचाई में वृद्धि से गुरुत्वाकर्षण-शक्ति में ह्रास को ही।

ऐसा भी होता है जब फलनक निर्भरता को सूत्र द्वारा व्यक्त करने में सफलता नहीं मिलती, या मिलती भी है तो वह कलन के लिए सुविधाजनक नहीं होता। इन स्थितियों में अन्य विधियों का प्रयोग होता है—ज्यादातर *सारणिक* और *ग्राफिक* (दे. § 214) विधियों का।

उदाहरण. दाब p और पानी उबलने के तापक्रम T की फलनक निर्भरता (दे. § 209 उदाहरण 1) किसी एक सूत्र द्वारा व्यक्त नहीं हो पाती है, जो आवश्यक शुद्धता-कोटि के साथ सभी व्यावहारिकतः महत्त्वपूर्ण स्थितियों को अपने में समेट सके। इस निर्भरता को सारणी द्वारा चित्रित किया जाता है, जिसका एक अंश नीचे दिया गया है।

p, mm	300	350	400	450	500	550	600	650	700
T, °C	75.8	79.6	83.0	85.8	88.5	91.2	93.5	95.7	97.6

कलन सरल करने के लिए एक परिवर्ती राशि के मान अधिकांशतः समान अंतरालों पर लिये जाते हैं; इस राशि को **सारणी का अनुतर्क** कहते हैं।

अनुतर्क के सभी संभव मान किसी भी सारणी में नहीं अंट सकते, पर व्यवहार सुलभ सारणी में तर्क के इतने मान अवश्य होने चाहिए कि अंतर्वेशन की विधि (§ 65) द्वारा फलन के अन्य मान भी आवश्यक शुद्धता के साथ प्राप्त हो सकें।

फलन का द्योतन

मान लें कि दो परिवर्ती राशियों x, y के बारे में हमें सिर्फ इतना पता है कि राशि y राशि x का कोई फलन है। किस रूप में यह फलन प्रदत्त है—सूत्र के रूप में, सारणी या किसी अन्य रूप में – यह उपेक्ष्य है। यह भी संभव है कि फलन किसी भी रूप में ज्ञात नहीं है; सिर्फ यह तथ्य स्थापित किया गया है कि

y और x के बीच कोई फलनक निर्भरता है (§ 209)। इस तथ्य को आलेख $y=f(x)$ से व्यक्त करते हैं।

जाहिर है कि वर्ण f (लातीनी functio = कार्यान्वियन, फलन, का प्रथम वर्ण) किसी राशि या मान को द्योतित नहीं करता; यह वैसा ही प्रतीक है, जैसे lg, tan आदि आलेख $\lg x$, $\tan x$ आदि में हैं। आलेख $y=\lg x$, $y=\tan x$ आदि पूर्णतया मूर्त तथा नियत फलनक निर्भरताओं को व्यक्त करते हैं, आलेख $y=f(x)$ से अमूर्त, अनिश्चित फलनक निर्भरता व्यक्त होती है, जिसका वास्तविक रूप कुछ भी हो सकता है।

यदि इस बात पर जोर देने की आवश्यकता हो कि t पर z की फलनक निर्भरता x पर y की फलनक निर्भरता से भिन्न है, तो उन्हें अलग-अलग वर्णों से द्योतित करते हैं; यथा, $z=F(t)$; $y=f(x)$।

यह दिखाने के लिए कि t पर z की फलनक निर्भरता वैसी ही है, जैसी x पर y की, दोनों निर्भरताओं को एक ही वर्ण से द्योतित करते हैं, अर्थात् $z=f(t)$, $y=f(x)$ लिखते हैं।

यदि y का x के जरिए व्यंजन प्रदत्त है या स्थापित किया गया है, तो इस व्यंजन को $f(x)$ के साथ समता-चिह्न द्वारा जोड़ते हैं।

उदाहरण 1. यदि ज्ञात है कि $y=x^2$ है, तो $f(x)=x^2$ लिखते हैं।

(2) यदि ज्ञात है कि $y=\sin x$ है, तो $f(x)=\sin x$ लिख सकते हैं।

(3) यदि $f(x)=\lg x$ है, तो प्रतीक $f(y)$ का अर्थ $\lg y$ है।

(4) यदि $f(x)=\sqrt{1+x^2}$ है और $F(x)=3x$ है, तो $F(x)\,f(x)=3x\sqrt{1+x^2}$, $\dfrac{F(y)}{f(x)}=\dfrac{3y}{\sqrt{1+z^2}}$ आदि लिख सकते हैं।

दिशांक

दो परस्पर लंब सरल रेखाएं $X'X$ और $Y'Y$ (चित्र 232 में) मिलकर **ऋजकोणिक दिशांक-तंत्र** बनाती हैं। सरल रेखाएं $X'X$ तथा $Y'Y$ दिशाक्ष (दिशांक-अक्ष) कहलाती हैं। इनमें से एक—$X'X$, जिसे अक्सर क्षैतिज स्थिति में चित्रित करते हैं—**क्रमकाक्ष** (क्रमकों का अक्ष, क्रम की अक्ष) कहलाती है और दूसरी – $Y'Y$—**क्रमिताक्ष** (क्रमितों का अक्ष) कहलाती है। प्रत्येक अक्ष पर मनचाहा पैमाना अंकित किया जाता है [दोनों अक्षों के कटान-बिंदु O-

दिशांक मूल—को शून्य का बिंदु मानते हैं, इसके एक ओर धन संख्याएं अंकित करते हैं और दूसरी ओर ऋण संख्याएं] ।

अक्षों के समतल पर मनचाहा बिंदु M लेते हैं और दिशांकों पर उसके प्रक्षेप P व Q ज्ञात करते हैं। क्रमकाक्ष पर कर्त OP और साथ ही चयित पैमाने पर उसकी माप-संख्या x, दोनों को बिंदु M का **क्रमक** कहते हैं । क्रमिताक्ष पर कर्त OQ तथा इसकी माप-संख्या y, दोनों को बिंदु M का **क्रमित** कहते हैं ।

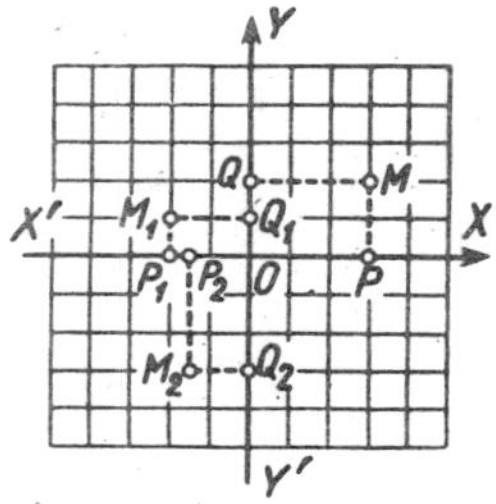

चित्र 232

राशियां $x=OP$ तथा $y=OQ$ बिंदु M के ऋजकोणिक **दिशांक** (या सिर्फ दिशांक) कहलाती हैं । इनके मान अक्षों पर धनात्मक कर्तों की पहले से चुनी गयी दिशाओं के अनुसार धनात्मक या ऋणात्मक हो सकते हैं (अक्सर धनात्मक कर्त क्रमकी अक्ष पर दायीं ओर नापे जाते हैं और क्रमिताक्ष पर ऊपर की ओर) ।

चित्र 232 में (जहां दोनों अक्षों पर समान पैमाने लिए गए हैं), बिंदु M के क्रमक $x=3$ और क्रमित $y=2$ हैं; बिंदु M_1 के क्रमक $x_1=-2$ और क्रमित $y_1=1$ हैं । संक्षेप में इसे निम्न रूप में लिखते हैं : $M(3, 2)$; $M_1(-2, 1)$ । ठीक इसी तरह से $M_2(-1.5, -3)$ लिखते हैं ।

समतल के हर बिंदु के लिए संख्याओं की एक तदनुरूप जोड़ी x, y होती है । वास्तविक संख्याओं की हर जोड़ी x, y के लिए समतल का एक तदनुरूप बिंदु M होता है । ऋजकोणिक दिशांक-तंत्र को अक्सर फ्रांसीसी दार्शनिक एवं गणितज्ञ डेकार्ट (Descartes) के नाम पर कार्टेजी दिशांक-तंत्र भी कहते हैं (लातीनी में डेकार्ट Cartesius नाम से विख्यात थे) । डेकार्ट ने अनेक ज्यामितिक समस्याओं के अध्ययन में दिशांकों का विस्तृत प्रयोग किया था, फिर भी 'कार्टेजी दिशांक-तंत्र' एक गलत नाम है ।*

---

* डेकार्ट ने दो अक्षों का नहीं, सिर्फ एक अक्ष का उपयोग किया था, जिस पर वह क्रमक अंकित करते थे । क्रमित को वह समतल के बिंदुओं की क्रमकाक्ष से किसी भी पूर्वनियत दिशा में दूरी के रूप में निर्धारित करते थे—कोई जरूरी नहीं कि लंब दिशा में ही । डेकार्ट के लिए क्रमक और क्रमित दोनों ही सदैव धनात्मक होते थे, चाहे उनकी दिशाएं कुछ भी होती हों । अनेक पाठ्यपुस्तकों में अक्षों पर +, — के चिह्न-भेद का श्रेय डेकार्ट को दिया जाता है, जबकि यह उनके [illegible]यों ने किया था ।

फलनों का ग्राफिक निरूपण

प्रत्त फलनक निर्भरता को ग्राफ के रूप में चित्रित करने के लिए क्रमकाक्ष पर किसी एक परिवर्ती राशि (अक्सर तर्क x) के कई मान $x_1, x_2, x_3, \ldots\ldots$ अंकित करते हैं और दूसरी परिवर्ती राशि y (फलन) के तदनुरूप मानों को निरूपित करने वाले क्रमित $y_1, y_2, y_3, \ldots\ldots$ स्थापित करते हैं। इनके सहारे बिंदु $M_1(x_1, y_1)$, $M_2(x_2, y_2)$, $M_3(x_3, y_3)\ldots$ आदि अंकित करते हैं। इन बिंदुओं को मिलाते हुए खींचा गया वक्र प्रत्त फलनक निर्भरता को प्रतिबिंबित करता है। ऐसे वक्र को ही **ग्राफ** कहते हैं (यह वक्र एक सरल रेखा के रूप में भी मिल सकता है)।

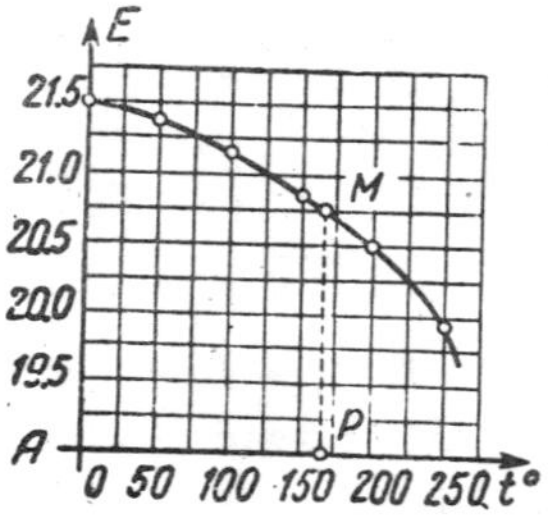

चित्र 233

निर्भरता के सारणिक चित्रण की तुलना में ग्राफिक चित्रण से लाभ यह है कि यह निर्भरता को अधिक दृगम बना देता है; खामी एक ही है कि इसकी शुद्धता-कोटि बहुत कम होती है। उपयुक्त पैमाने के चयन का बहुत बड़ा व्यावहारिक महत्त्व है।

चित्र 233 में पिट्टू लोहे की प्रत्यास्थता के मापांक E और उसके तापक्रम t° की फलनक निर्भरता का ग्राफ दिखाया गया है। क्रमक (t) और क्रमित (E) के पैमाने तदनुरूप अक्षों पर संख्याओं द्वारा प्रदर्शित हैं (यहां दिशांक-मूल और क्रमकाक्ष नहीं दिखाये गये हैं, ताकि चित्र का आकार बहुत बड़ा न हो जाये)।

चित्र 233 का ग्राफ निम्न सारणी के आधार पर बनाया गया है :

t°, C	0	50	100	150	200	250
E, t/cm^2	21.5	21.4	21.2	20.9	20.5	19.9

ग्राफ के सहारे (सन्निकट रूप से) तर्क के उन मानों के लिए भी फलन के मान ज्ञात हो सकते हैं, जो सारणी में नहीं दिये गये हैं। उदाहरण के लिए, मान लें कि $t = 170^\circ$ के लिए E का मान ज्ञात करना है। क्रमकाक्ष (या इसके समांतर रेखा At) पर क्रमक $t = AP = 170$ नापते हैं और लंब PM खींचते हैं,

जिससे क्रमित $E=PM=20.75$ ज्ञात होता है। यदि मिलिमीटर की दूरियों पर अंकित सरल रेखाओं वाले कागज पर ग्राफ बनाया जाये, तो पठन का कार्य बहुत सरल हो जाता है। इस प्रकार से फलन के मान ज्ञात करने की विधि को **ग्राफिक अंतर्वेशन** कहते हैं।

व्यवहार में ग्राफ सदैव 'बिंदुओं के सहारे' खींचा जाता है, अर्थात् हाथ से ऐसी वक्र रेखा खींचते हैं, जो अलग-अलग बिंदुओं $M_1, M_2, \ldots\ldots$ को मिलाती जाती है; वक्र में कहीं भी नुकीलापन नहीं आना चाहिए। इसलिए सिद्धांततः इस बात की संभावना को दूर नहीं किया जा सकता कि अंकित बिंदुओं के बीच का कोई अनंकित बिंदु वक्र से बहुत दूर होगा। फलतः ग्राफ की सैद्धांतिक परिभाषा निम्न रूप से दी जा सकती है :

ग्राफ. *बिंदुओं $M(x, y)$ का ज्यामितिक स्थान है, जिनके दिशांक प्रत्त फलनक निर्भरता द्वारा संबंधित होते हैं* (ज्यामितिक स्थान देखें § 153 में)।

सरलतम फलन और उनके ग्राफ

1. समानुपातिक राशियां. यदि परिवर्ती राशियां y तथा x समानुपाती हैं (दे. § 64), तो उनकी फलनक निर्भरता समीकरण

$$y=mx \tag{1}$$

द्वारा व्यक्त होती है, जहां m कोई स्थिर राशि (**समानुपातन-गुणांक**) है। समानुपातन का ग्राफ* एक सरल रेखा है, जो दिशांक-मूल से होकर गुजरती है और क्रमकाक्ष के साथ कोण α बनाती है जिसकी स्पज स्थिर राशि m के बराबर होती है : $\tan \alpha=m$।

इसीलिए समानुपातन-गुणांक को **कोणिक गुणांक** भी कहते हैं। चित्र 234 में $m=1$, $m=2$, $m=-\frac{3}{4}$ के लिए फलन $y=mx$ के ग्राफ दिखाये गये हैं।

टिप्पणी. क्रमकाक्ष और ग्राफ के बीच कोणिक गुणांक निर्धारित करने के लिए क्रमकाक्ष की दिशा को धनात्मक मानते हैं; ग्राफ पर किसी भी दिशा को धनात्मक माना जा सकता है (राशि $\tan \alpha$ दिशा के चयन पर निर्भर नहीं करती)।

---

* यहाँ, और आगे, दोनों अक्षों पर समान पैमाने लिये गये हैं।

2. रैखिक फलन. यदि परिवर्ती राशियाँ x, y प्रथम घात वाले समीकरण

$$Ax+By=C \tag{2}$$

द्वारा संबंधित होती हैं (A और B में से कम से कम एक संख्या शून्य के बराबर नहीं है), तो फलनक निर्भरता का ग्राफ एक सरल रेखा होता है। $C=0$ होने पर यह सरल रेखा दिशांक मूल से होकर गुजरती है (संदर्भ 1 से तुलना करें), प्रतीपावस्था में—नहीं।

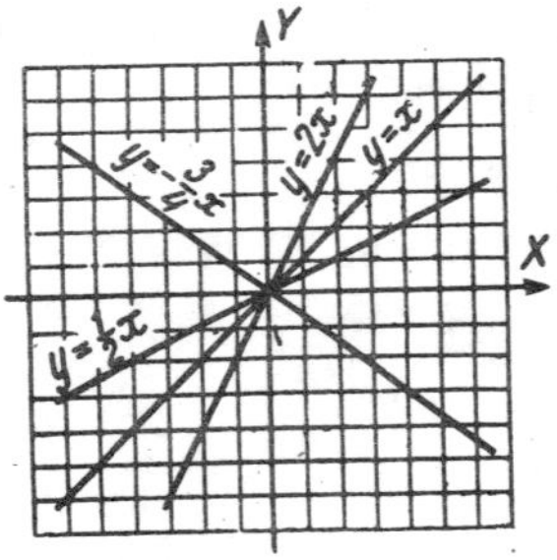

चित्र 234

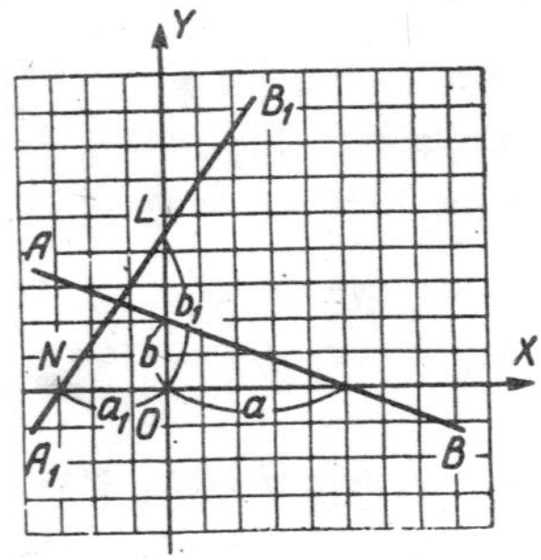

चित्र 235

मान लें कि न $A=0$ है न $B=0$ है; तब ग्राफ दोनों ही दिशाक्षों को काटता है— क्रमकाक्ष को कर्त $a=\frac{C}{A}$ की दूरी पर और क्रमिताक्ष को कर्त $b=\frac{C}{B}$ की दूरी पर।

उदाहरण. समीकरण $2x+5y=10$ का ग्राफ सरल रेखा AB है (चित्र 235 में); $a=\frac{10}{2}=5$, $b=\frac{10}{5}=2$। समीकरण $2y-3x=9$ का ग्राफ सरल रेखा A_1B_1 है; यहां $a_1=\frac{9}{-3}$, $b_1=\frac{9}{2}=4.5$ हैं।

समीकरण (2) को y के सापेक्ष हल करने पर :

$$y=mx+b \tag{3}$$

मिलता है, जहां

$$m=-\frac{A}{B} \text{ और } b=\frac{C}{B} \text{ है।}$$

फलन $y=mx+b$ को रैखिक फलन कहते हैं, इसका ग्राफ एक सरल रेखा है।

उदाहरण. समीकरण $2y-3x=9$ को y के सापेक्ष हल करने पर इसका रूप निम्न होता है :

$$y=\frac{3}{2}x+\frac{9}{2}\left(m=-\frac{-3}{2}=\frac{3}{2};\ b=\frac{9}{2}\right).$$

फलन $y=\frac{3}{2}x+\frac{9}{2}$ का ग्राफ सरल रेखा A_1B_1 है (चित्र 235)।

फलन $y=mx+b$ का ग्राफ (जो एक सरल रेखा है) क्रमकाक्ष की धनात्मक दिशा के साथ एक कोण बनाता है, जिसका स्पज m के बराबर है, और क्रमिताक्ष पर कर्त b काटता है। स्थिर राशि m को *कोणिक गुणांक* कहते हैं।

उदाहरण. फलन $y=\frac{3}{2}x+\frac{9}{2}$ का ग्राफ निरूपित करने वाली सरल रेखा A_1B_1 के लिए $\tan\angle XNB_1=\frac{3}{2}$ है और $OL=\frac{9}{2}$ है।

समीकरण $y=mx$ (समानुपातन का फलन, दे. संदर्भ 1) समीकरण $y=mx+b$ का विशिष्ट रूप है (जब $b=0$ है)।

समीकरण $y=b$ भी समीकरण $y=mx+b$ का विशिष्ट रूप है (जब $m=0$ है)। इस स्थिति में राशि y एक स्थिर राशि है और x पर निर्भर नहीं करती। फिर भी इसे परिवर्ती राशि x का फलन माना जा सकता है, क्योंकि अभी भी x के हर मान के लिए y का तद्रूप मान मिल सकता है। एक ही अंतर है कि अब x के सभी मानों के लिए y का एक ही मान मिला करता है। फलन $y=b(y=0\cdot x+b)$ की विशेषता यह है कि *अब राशि* x *राशि* y *का फलन नहीं हो सकती* (क्योंकि y के ऐसे मानों के लिए, जो b के बराबर नहीं है, x का कोई मान नहीं मिलेगा)। फलन $y=b$ का ग्राफ एक सरल रेखा है, जो क्रमकों के अक्ष के समांतर गुजरती है।

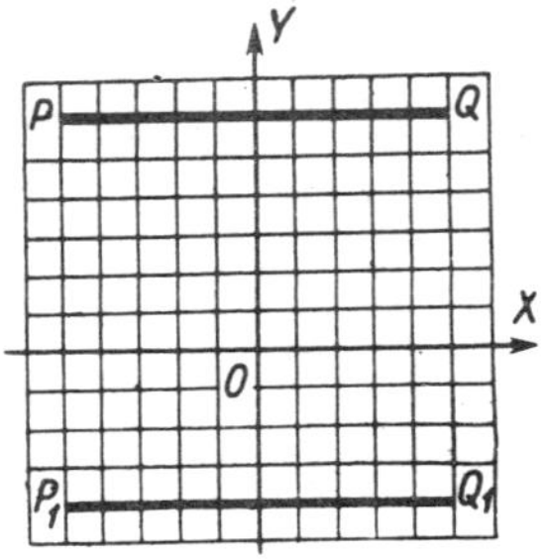

चित्र 236

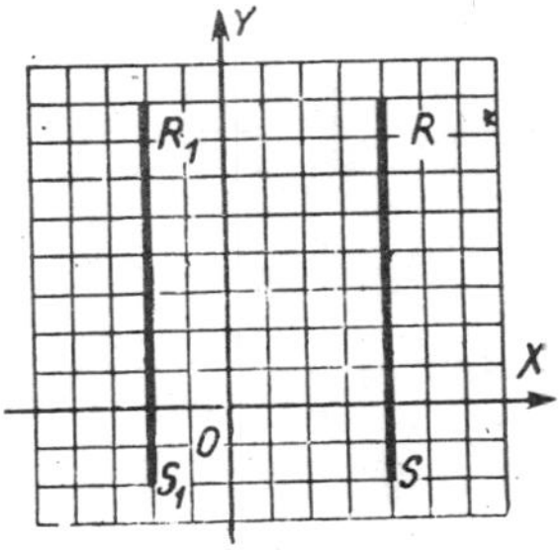

चित्र 237

चित्र 236 में रेखा PQ समीकरण $y=6$ का ग्राफ है, रेखा P_1Q_1 समीकरण $y=-4$ का ग्राफ है।

समीकरण $y=b$ समीकरण (2) से प्राप्त होता है, जब $A=0$ होता है $\left(b=\frac{C}{B}\text{ है}\right)$। यदि $B=0$ हो, तो समीकरण (2) को $x=a\left(a=\frac{C}{A}\right)$ के रूप में प्रस्तुत किया जा सकता है; इसका मतलब है कि अब x एक स्थिर राशि है। इसे परिवर्ती राशि y का फलन माना जा सकता है (पर राशि y राशि x का फलन नहीं होगी, दे. ऊपर)।

समीकरण $x=a$ का ग्राफ एक सरल रेखा है, जो क्रमिताक्ष के साथ समांतर होती है। चित्र 237 में सरल रेखा RS समीकरण $x=+4$ का ग्राफ है और सरल रेखा RS सरल रेखा $x=-2$ का ग्राफ है।

क्रमकाक्ष समीकरण $y=0$ का ग्राफ है और क्रमिताक्ष समीकरण $x=0$ का ग्राफ है।

3. व्युत्क्रम समानुपातन. यदि राशियाँ x, y व्युत्क्रम समानुपाती हैं (§ 64), तो उनकी फलनक निर्भरता समीकरण $y=\frac{c}{x}$ द्वारा व्यक्त होती है, जहां c कोई स्थिर राशि है। व्युत्क्रम समानुपातन का ग्राफ एक वक्र रेखा है, जिसकी दो "शाखाएं" होती हैं; उदाहरणार्थ, फलन $y=\frac{4}{x}$ चित्र 238 में दो वक्र रेखाओं AB तथा $A'B'$ द्वारा व्यक्त किया गया है। चित्र 238 में $c=1$ और $c=-1$ के लिए भी फलन $y=\frac{c}{x}$ के ग्राफ दिखाये गये हैं (डैश-रेखा से)। इन वक्रों को **समबाहु अतिवलय** कहते हैं (ये ऋजकोणिक शीर्ष वाले कोन को अक्ष के समांतर गुजरने वाले समतलों से काटने पर काट के रूप में मिलते हैं; § 169)।

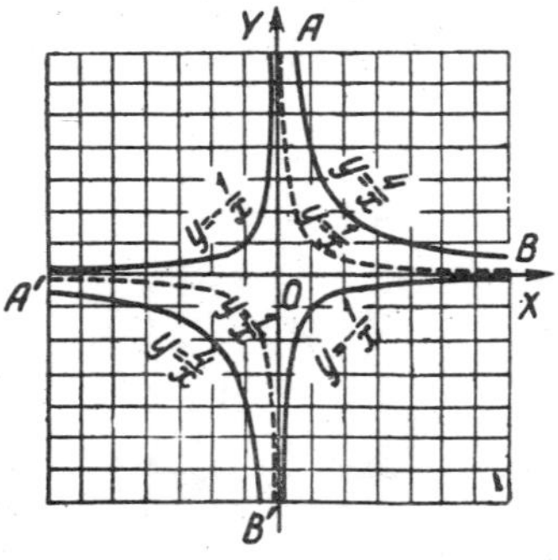

चित्र 238

4. वर्गी फलन. फलन $y=ax^2+bx+c$ (a, b, c स्थिर राशियां हैं; $a\neq 0$) वर्गी फलन कहलाता है। सरलतम स्थिति $y=ax^2 (b=c=0)$ में फलन का ग्राफ वक्र रेखा है, जो दिशांक-मूल से गुजरती है।

चित्र 239 में फलन $y=ax^2$ के ग्राफ अंकित है :

$AOB(a=\frac{1}{2})$, $COD(a=1)$, $EOF(a=2)$ और $KOL(a=-\frac{1}{2})$ ।

फलन $y=ax^2$ का ग्राफ (वक्र) एक **परवलय** है (§ 169)। हर परवलय में सममिति अक्ष (चित्र 239 में OY) होता है, जिसे **परवलय का अक्ष** कहते हैं; बिंदु O को **परवलय का शीर्ष** कहते हैं।

फलन $y=ax^2+bx+c$ के ग्राफ का रूप वही होता है, जो फलन $y=ax^2$ के ग्राफ का (a का मान वही होने पर), अर्थात् वह भी परवलय होता है। इस परवलय का अक्ष भी उदग्र होता है, लेकिन इसका शीर्ष दिशांक मूल पर नहीं, बल्कि बिंदु $\left(-\frac{b}{2a}, c-\frac{b^2}{4a}\right)$ पर होता है।

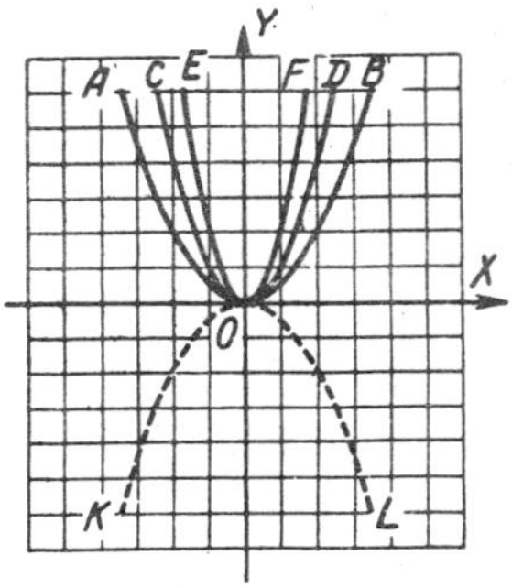

चित्र 239

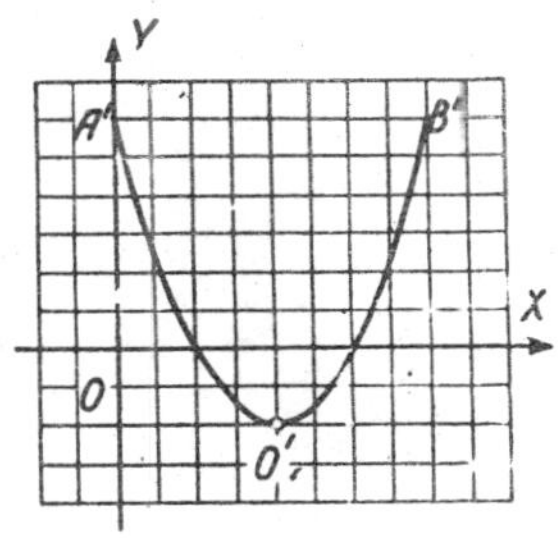

चित्र 240

उदाहरण. फलन $y=\frac{1}{2}x^2-4x+6$ ($a=\frac{1}{2}$, $b=-4$, $c=6$) का ग्राफ (चित्र 240 में) परवलय $A'O'B'$ है, जिसका रूप वैसा ही है, जैसा परवलय $y=\frac{1}{2}x^2$ का (चित्र 239 में AOB जैसा)। इसका शीर्ष बिंदु $O'(4, -2)$ पर स्थित है, जिसके दिशांक निम्न विधि से प्राप्त होते हैं :

$$-\frac{b}{2a}=\frac{4}{2\cdot\frac{1}{2}}=4;\ c-\frac{b^2}{4a}=6-\frac{16}{4\cdot\frac{1}{2}}=-2.$$

5. घात-फलन. फलन $y=ax^n$ (a, n स्थिर राशियां हैं) **घात-फलन** कहलाता है। फलन $y=ax$, $y=ax^2$, $y=\frac{a}{x}$ (दे. संदर्भ 1, 3, 4) घात-फलन के विशिष्ट रूप हैं (जब $n=1$, $n=2$, $n=-1$ होता है)।

चूंकि किसी भी संख्या का शून्य घात शून्य के बराबर नहीं, बल्कि इकाई के बराबर होता है, इसलिए $n=0$ होने पर घात-फलन स्थिर राशि में परिणत हो जाता है* : $y=a$ ।

अन्य सभी स्थितियों को दो समूहों में बाँटते हैं : (a) जब n धनात्मक संख्या होता है और (b) जब n ऋणात्मक संख्या होता है।

(a) चित्र 241 में $n=0.1, \frac{1}{4}, \frac{1}{3}, \frac{1}{2}, \frac{2}{3}, 1, \frac{3}{2}, 2, 3, 4, 10$ के लिए फलन $y=x^n$ के ग्राफ दिखाये गये हैं (ग्राफ $x \geqslant 0$, $y \geqslant 0$ के लिए हैं)। ये सभी ग्राफ दिशांक-मूल और बिंदु $(1, 1)$ से गुजरते हैं। $n=1$ होने पर सरल रेखा मिलती है, जो कोण XOY को समद्विभाजित करती है। $n>1$ होने पर ग्राफ पहले ($x=0$ और $x=1$ के बीच) इस रेखा के नीचे होता है और बाद में ($x>1$ होने पर) इसके ऊपर होता है; $n<1$ होने पर विपरीत चित्र मिलता है।

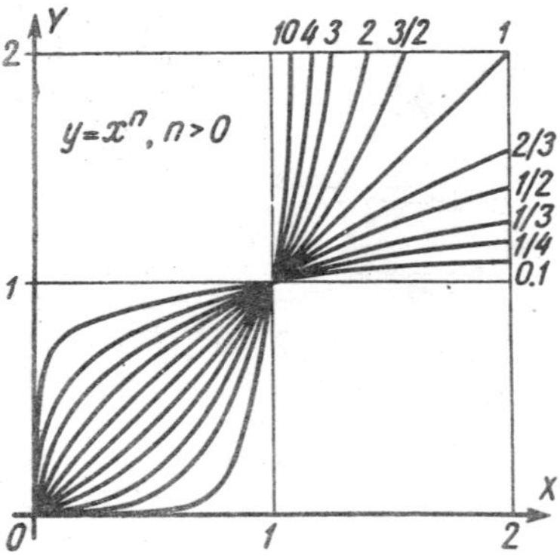

चित्र 241

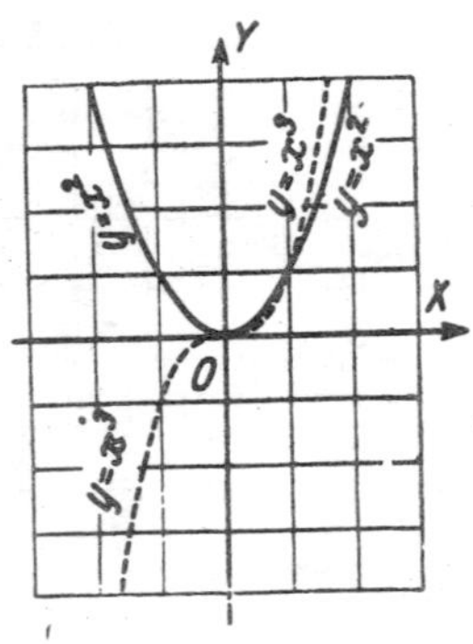

चित्र 242

हमने $a=1$ तक ही फलन को सीमित रखा है। अन्य a के लिए ग्राफ पमाने में सरल परिवर्तनों से प्राप्त हो जाते हैं। x के ऋण मान नहीं लिए गये हैं, क्योंकि $x<0$ होने पर अंशों में व्यक्त चंद घात-सूचकों के लिए घात-फलन निरर्थक हो जाता है; उदाहरणार्थ $y=x^{\frac{1}{2}}=\sqrt{x}$ निरर्थक है। पूर्णांक में

* 0^0 एक अनिश्चित व्यंजन है, पर दी हुई स्थिति में, जब फलन $y=ax^0$ का मान किसी भी $x(\neq 0)$ के लिए a के बराबर है, हम तय कर ले सकते हैं कि $x=0$ होने पर भी y का मान a ही होगा।

व्यक्त घात-सूचकों के लिए $x<0$ होने पर भी फलन सार्थक होता है, पर ग्राफ के रूप भिन्न होते हैं, इनका रूप इस बात पर निर्भर करता है कि n सम संख्या है या विषम संख्या है।

प्रातिनिधिक उदाहरणों के रूप में चित्र 242 फलन $y=x^2$ तथा $y=x^3$ के ग्राफ दिखाता है। n कोई सम संख्या होने पर ग्राफ क्रमिताक्ष के सापेक्ष सममित होता है (§ 177); विषम संख्या होने पर ग्राफ दिशांक-मूल के सापेक्ष सममित होता है।

फलन $y=ax^2$ के ग्राफ की देखा-देखी धनात्मक n वाले सभी घात फलनों $y=ax^n$ के ग्राफों को **n-वीं कोटि** (या n-वें घात) **का परवलय** कहते हैं। यथा, फलन $y=ax^3$ का ग्राफ (चित्र 242) **घन परवलय** या 3-री कोटि का परवलय कहलाता है।

टिप्पणी. यदि n कोई अंश $\frac{p}{q}$ है, जिसका अंशनाम q सम संख्या है और संख्या नाम p विषम संख्या है, तो राशि $x^n=\sqrt[q]{x^p}$ के दो चिह्न संभव हैं, इसलिए ग्राफ भी दो शाखाओं में होता है, जो क्रमकाक्ष के सापेक्ष सममित होते हैं। चित्र 243 में एक द्वयर्थी फलन $y=\pm 2x^{\frac{1}{2}}$, अर्थात् $x=\frac{1}{4}y^2$ (क्षैतिज अक्ष वाले परवलय) का ग्राफ दिखाया गया है; चित्र 244 में द्वयर्थी फलन

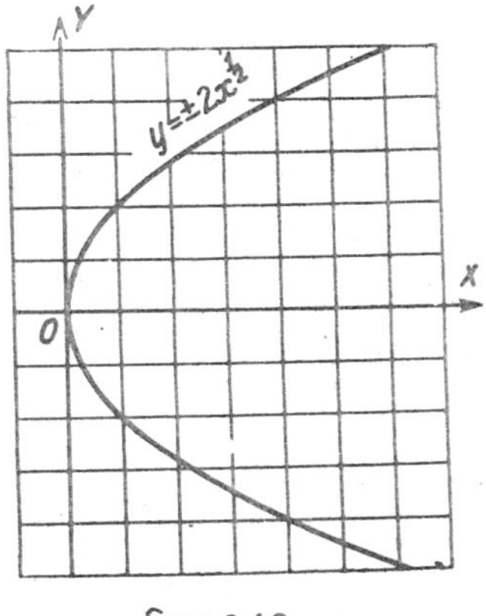

चित्र 243

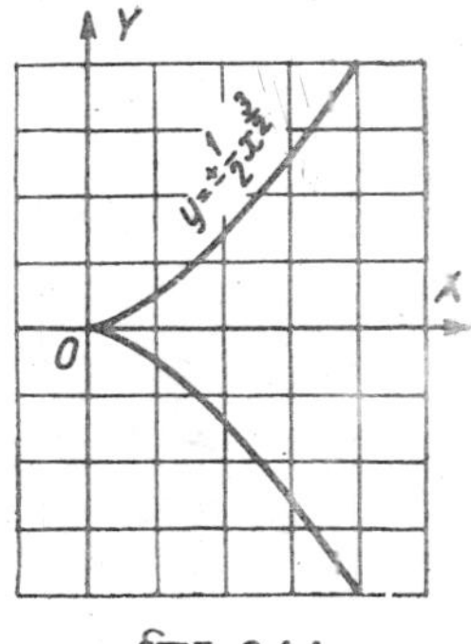

चित्र 244

$y=\pm\frac{1}{2}x^{\frac{3}{2}}$ (अर्धघन परवलय या नेइल के परवलय) का ग्राफ दिखाया गया

है। यहाँ $x^{\frac{1}{2}}, x^{\frac{3}{2}}$ से तात्पर्य है कि घातों के धनात्मक मान लिये जा रहे हैं।

(b) चित्र 245 में $x>0, y>0$ के लिए स्थिति $n=-\frac{1}{3}, -\frac{1}{2}, -1, -2, -3, -10$ में फलन $y=x^n$ के ग्राफ दिखाये गये हैं। ये सभी ग्राफ बिंदु (1, 1) से गुजरते हैं। $n=-1$ होने पर परवलय (दे. संदर्भ 3) मिलता है। $n<-1$ होने पर घात-फलन का ग्राफ पहले ($x=0$ और $x=1$ के बीच) परवलय से ऊपर होता है और बाद में ($x>1$ होने पर) परवलय से नीचे होता है; $n>-1$ की स्थिति में विपरीत चित्र प्राप्त होता है।

x के ऋण मानों और n के भिन्नात्मक मानों के लिए ऊपर (a) में कही गयी बातें दुहरायी जा सकती हैं।

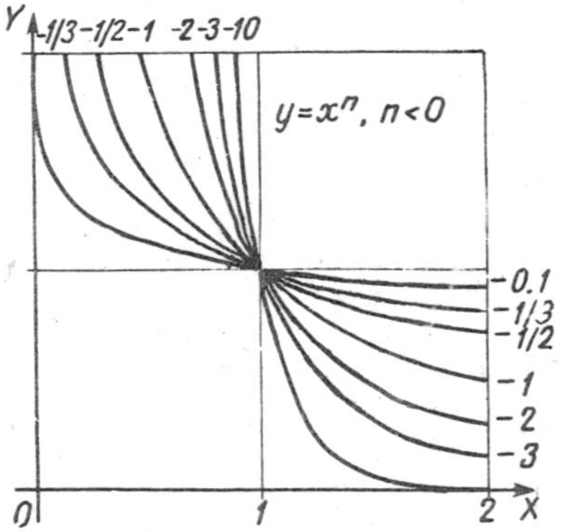

चित्र 245

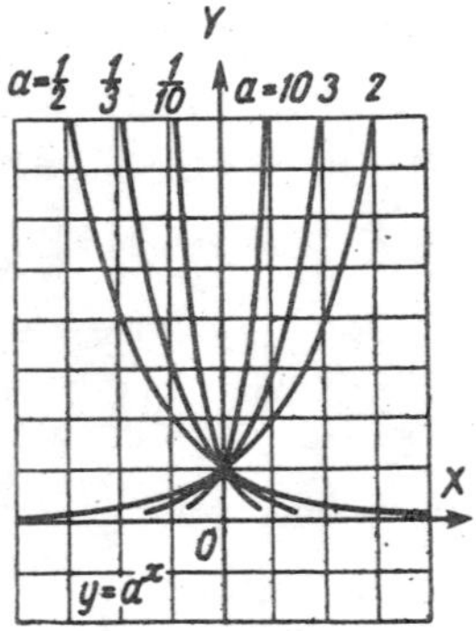

चित्र 246

चित्र 245 के सभी ग्राफ ऋमकाक्ष और ऋमिताक्ष के असीम निकट होते जाते हैं पर उन तक (अक्षों तक) पहुँचते नहीं हैं। परवलयों के साथ सादृश्य होने के कारण इन्हें **n-वीं कोटि का परवलय** कहा जाता है।

6. निस्थापी और लगरथी फलन. फलन $y=a^x$, जिसमें a कोई स्थिर धनात्मक संख्या है, **निस्थापी फलन** कहलाता है। संख्या a धनात्मक रखने का कारण यह है कि $a<0$ होने पर $a^{\frac{1}{2}}=\sqrt{a}$, $a^{\frac{3}{4}}=\sqrt[4]{a^3}$ आदि राशियां वास्तविक नहीं रह जायेंगी। तर्क x का कोई भी वास्तविक मान संभव है (§ 126)। फलन $y=a^x$ के सिर्फ धनात्मक मान लिये जाते हैं। यथा, फलन

$y=16^x$ $(x=\frac{1}{4})$ का सिर्फ एक मान $y=2$ लिया जाता है; मान -2 (और साथ ही $2i, -2i$) पर विचार नहीं किया जाता।

चित्र 246 में $a=\frac{1}{2}, \frac{1}{3}, \frac{1}{10}, 2, 3, 10$ के लिए निस्थापी फलन के ग्राफ दिखाये गये हैं। ये सभी ग्राफ बिंदु (0, 1) से गुजरते हैं ($a=1$ होने पर सरल रेखा मिलती है, जो क्रमकाक्ष के साथ समांतर होती है; फलन a^x एक स्थिर राशि बन जाती है, जिसका मान 1 के बराबर होता है)। $a>1$ होने पर ग्राफ बायें से दायें जाने पर ऊपर उठता है, $a<1$ होने पर नीचे उतरता है। सभी ग्राफ क्रमकाक्ष के असीम निकट होते जाते हैं, पर उस तक पहुँचते नहीं हैं। फलन $y=2^x$ और $y=(\frac{1}{2})^x$ के ग्राफ क्रमिताक्ष के सापेक्ष परस्पर सममित होते हैं, इसी तरह से $y=3^x$ और $y=(\frac{1}{3})^x$ (या व्यापक रूप में, $y=a^x$ और $y=\left(\frac{1}{a}\right)^x$) के ग्राफ क्रमिताक्ष के सापेक्ष परस्पर सममित होते हैं।

फलन $y=\log_a x$, जहाँ a कोई स्थिर धन संख्या है (लेकिन 1 के बराबर नहीं है, दे. § 128 और § 130 पर पाद-टिप्पणी), *लगरथी फलन* कहलाता है।

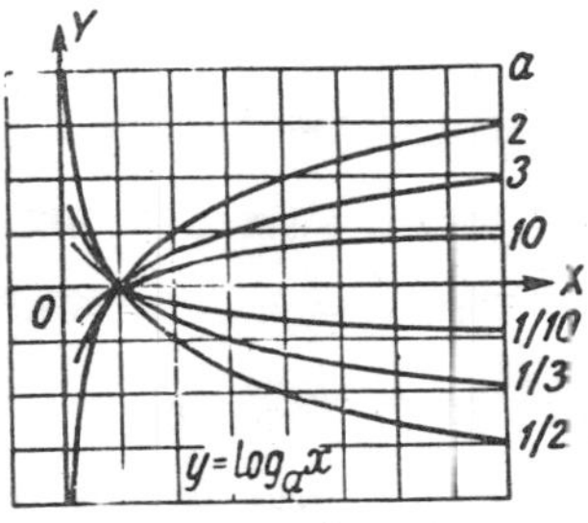

चित्र 247

लगरथी फलन निस्थापी फलन का प्रतीप है। इसका ग्राफ (चित्र 247) निस्थापी फलन के ग्राफ से प्राप्त होता है (समान आधार a के लिए), जिसकी विधि निम्न है: चित्र को प्रथम चतुर्थांश की समद्विभाजक रेखा $[y=x]$ के सहारे मोड़ लेते हैं [ताकि निस्थापक फलन का ग्राफ चित्र के पुराने अर्ध से निकलकर दूसरे (नये) अर्ध में 'छप' जाये। कहने का तात्पर्य यह है कि एक ही आधार a के निस्थापी तथा लगरथी फलनों के ग्राफ सरल रेखा $y=x$ के सापेक्ष सममित होते हैं]। *सभी परस्पर प्रतीप फलनों के ग्राफ इसी प्रकार से प्राप्त होते हैं।*

एक लगरथी फलन का ग्राफ दूसरे के ग्राफ के क्रमिताक्ष के पैमाने में तदनुरूप समानुपाती परिवर्तन करने से प्राप्त होता है: विभिन्न आधारों वाले (पर समान संख्या के) लगरथ परस्पर समानुपाती होते हैं (तुलना करें § 129 से)।

7. त्रिकोणमितिक फलन. आवर्तिता. त्रिकोणमितिक फलनों की परिभाषाएं देखें § 184 तथा § 194 में।

किसी परिवर्ती कोण के त्रिकोणमितिक फलन (जैसे ज्या) का ग्राफ खींचने के लिए क्रमकाक्ष पर कोई कर्त लेते हैं, जो कोई नियत कोण (जैसे 90^c) निरूपित करता है और क्रमिताक्ष पर ऐसा कर्त लेते हैं जो उस कोण की ज्या के अनुरूप किसी नियत संख्या (जैसे 1) को निरूपित करता है। दोनों अक्षों पर समान पैमाने की बात तभी चल सकती है, जब यह निर्धारित हो जाता है कि किस कोण को माप की इकाई के रूप में ग्रहण किया गया है। सिर्फ इसी अवस्था में कोण नापने वाली संख्या x और उसकी ज्या का मान बताने वाली संख्या y को इन संख्याओं के अनुपात वाले कर्तों द्वारा निरूपित किया जा सकता है। (तुलना करें § 206 से)।

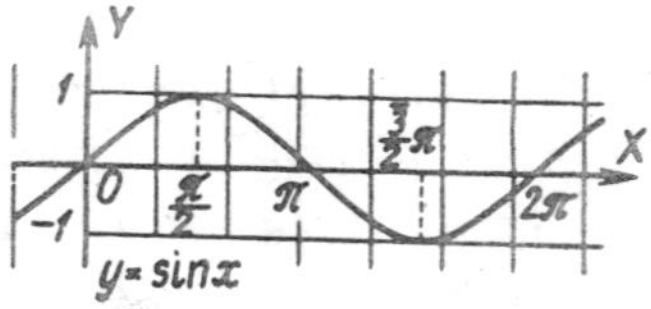

चित्र 248

ग्राफ खींचने के लिए कोण नापने की इकाई रेडियन ही प्रयुक्त होती है। राशि x द्वारा परिवर्ती कोण की रेडियनी माप व्यक्त करने पर फलन $y = \sin x$ का ग्राफ चित्र 248 जैसा होगा (दोनों अक्षों पर समान पैमाने हैं)। कोण नापने की इकाई के रूप में यदि आधा रेडियन लिया जाये, तो ग्राफ को क्रमकाक्ष के अनुतीर दुगुना बढ़ाना पड़ेगा।

फलन $y = \sin x$ का ग्राफ व्यक्त करने वाली रेखा **ज्यावत** कहलाती है।

फलन $y = \cos x$ का ग्राफ चित्र 249 में दिखाया गया है। *यह भी ज्यावत रेखा है*; इसे फलन $y = \sin x$ को OX के अनुतीर कर्त $\frac{\pi}{2}$ की दूरी पर खिसका कर प्राप्त किया जा सकता है [$y = \sin x$ और $y = \cos x$ के ग्राफों को अलग-अलग क्रमशः **ज्या-वक्र** और **कोज्या-वक्र** भी कह सकते हैं]।

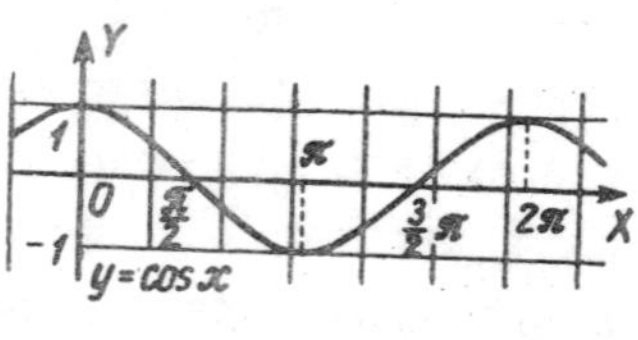

चित्र 249

ज्यावत (ज्या-वक्र या कोज्या-वक्र) को क्रमकाक्ष के अनुतीर कर्त 2π के बराबर बायें या दायें खिसकाने से ज्यावत स्वयं के साथ संपात कर जाती है।

यदि किसी फलन $y = f(x)$ का ग्राफ क्रमकाक्ष के अनुतीर किसी स्थिर कर्त की दूरी पर खिसकाने से ग्राफ स्वयं के साथ संपात कर जाती है, तो ऐसे फलन को आवर्ती फलन कहते हैं; चुने गये पैमाने में इस स्थिर कर्त की लंबाई

p को फलन $f(x)$ का आवर्त कहते हैं। यह शाब्दिक परिभाषा संक्षेप में निम्न सूत्र से व्यक्त होती है :

$$f(x+p)=f(x).$$

यदि किसी फलन $f(x)$ का आवर्त p है, तो $2p$, $3p$, $-2p$, $-3p$ आदि भी आवर्त हैं।

2π सभी त्रिकोणमिति फलनों का आवर्त है।

फलन $y=\tan x$ और $y=\cot x$ का इसके अतिरिक्त π भी आवर्त होता है, क्योंकि $\tan(x\pm k\pi)=\tan x$ है। ग्राफ $y=\tan x$ चित्र 250 में दिखाया गया है और ग्राफ $y=\cot x$ चित्र 251 में। स्पज का ग्राफ क्रमिताक्ष के समांतर उससे $\pm\frac{\pi}{2}$, $\pm 3\frac{\pi}{2}$, $\pm 5\frac{\pi}{2}$ आदि दूरियों पर स्थित

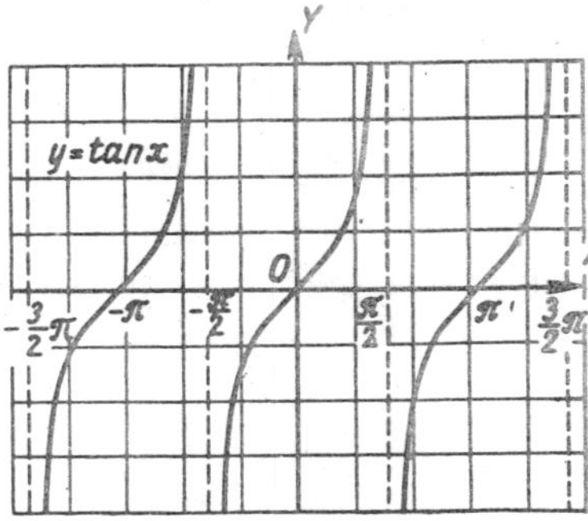

चित्र 250

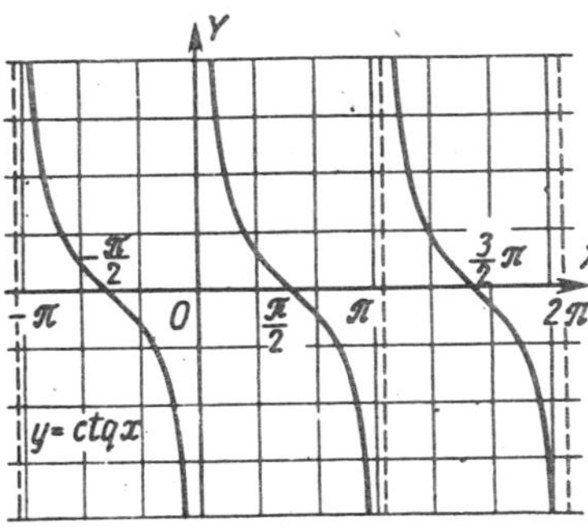

चित्र 251

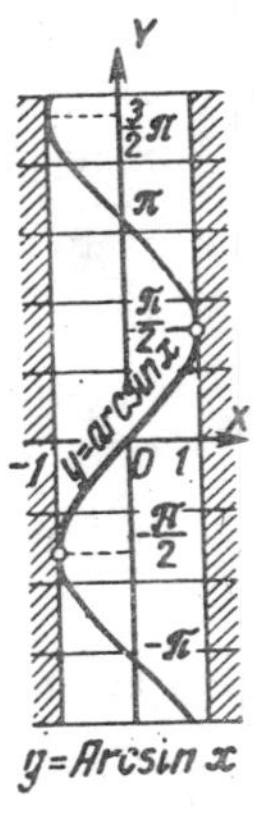

चित्र 252

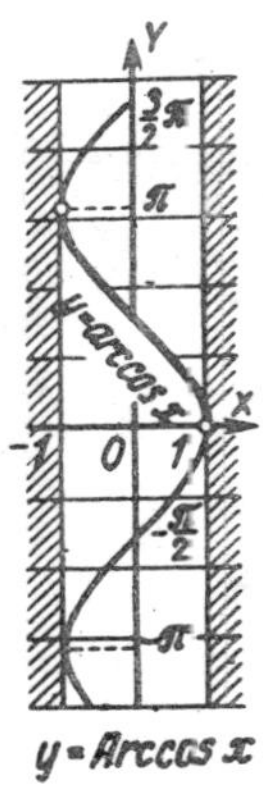

चित्र 253

सरल रेखा के असीम निकट होता जाता है (पर उसे स्पर्श नहीं करता)। कोस्पज के ग्राफ के लिए यही भूमिका अक्ष OY स्वयं और इससे $\pm\pi$, $\pm 2\pi$, $\pm 3\pi$ आदि दूरियों पर स्थित सरल रेखाएं निभाती हैं।

8. प्रतीप त्रिकोणमितिक फलन. इनकी परिभाषाएं § 203 में देखें (तुलना करें § 210 से)। यहां निम्न फलनों के ग्राफ दिये जा रहे हैं : $y=\text{Arcsin}\ x$

29-01458

(चित्र 252), $y=$ **Arccos** x (चित्र 253), $y=$ **Arctan** x (चित्र 254), $y=$ **Arccot** x (चित्र 255)। ये ग्राफ फलन $y=\sin x$ आदि के ग्राफ से चित्र को प्रथम चतुर्थांश की समद्विभाजक रेखा पर मोड़ने से प्राप्त होते हैं (तुलना करें § 215 में संदर्भ 6 से) [अन्यतः, रेखा $y=x$ के सापेक्ष फलन $y=\sin x$ आदि का सममित बिंब खींचने से प्राप्त होते हैं]। फलन $y=$ **Arcsin** x और $y=$ **Arccos** x के ग्राफ पूर्णतया एक उदग्र पट्टी में समाविष्ट हो जाते हैं, जो सरल रेखा $x=+1$ तथा $x=-1$ से घिरी होती है

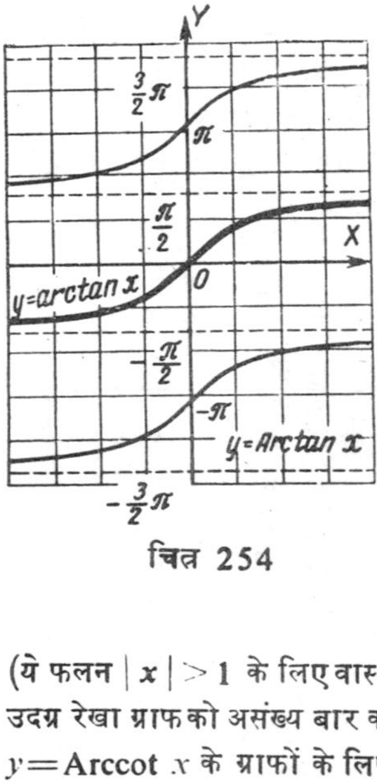

चित्र 254

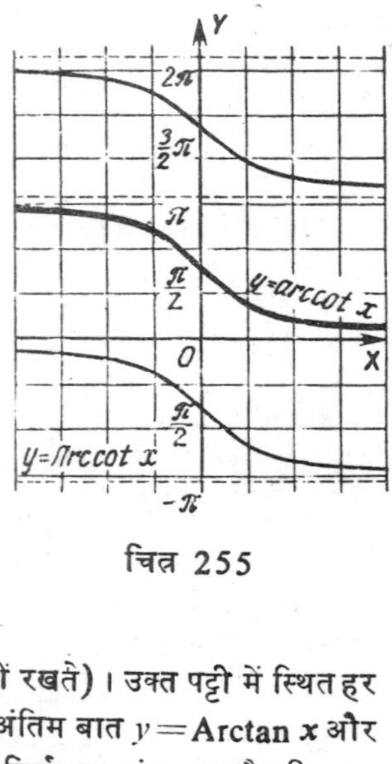

चित्र 255

(ये फलन $|x|>1$ के लिए वास्तविक मान नहीं रखते)। उक्त पट्टी में स्थित हर उदग्र रेखा ग्राफ को असंख्य बार काटती है। यह अंतिम बात $y=$ **Arctan** x और $y=$ **Arccot** x के ग्राफों के लिए भी सत्य है; सिर्फ एक अंतर यह है कि इन फलनों के लिए उदग्र रेखा कहीं भी ले सकते हैं। उदग्र रेखा ग्राफ को असंख्य बार काटती है—इसका मतलब है कि तर्क के एक ही मान (जिस पर उदग्र रेखा खींची गयी है) के लिए फलन के मान (उदग्र रेखा के पाद से लेकर ग्राफ के साथ कटान-बिंदु तक की लंबाइयां) अनेक हैं। अन्यतः, ये फलन अनेकार्थी हैं (§ 203)। ग्राफ का वह भाग जो इन फलनों के मुख्य मान के अनुरूप है, चित्र 252-255 में मोटी रेखाओं से अंकित हैं।

समीकरणों का ग्राफिक हल

फलनों के ग्राफिक चित्रण की सहायता से हम एक अज्ञात राशि वाले किसी भी समीकरण और दो अज्ञात राशियों वाले दो समीकरणों के तंत्र का हल सन्निकृत रूप में सरलतापूर्वक ज्ञात कर सकते हैं।

दो अज्ञात राशि x, y वाले दो समीकरणों का तंत्र हल करने के लिए हम हर समीकरण को परिवर्ती राशि x, y के बीच फलनक निर्भरता का रूप मान लेते हैं और इन दो निर्भरताओं के लिए दो ग्राफ खींचते हैं। इन दोनों ग्राफों के सामूहिक बिंदुओं के दिशांक ही अज्ञात x, y के मान (प्रत्त समीकरण-तंत्र के मूल) होंगे।

उदाहरण 1. समीकरण-तंत्र हल करें :

$$7x+5y=35$$
$$-3x+8y=12.$$

इनमें से प्रत्येक समीकरण का ग्राफ सरल रेखा के रूप में है। प्रथम समीकरण का ग्राफ दिशाक्षों पर निम्न कर्त काटता है :

$$a=\frac{35}{7}=5,\ b=\frac{35}{5}=7;$$

दे. § 215, संदर्भ 2 [चित्र 256 में कर्त a अक्ष OX पर दिशांक-मूल O से शुरू माना जाता है और कर्त b अक्ष OY पर दिशांक-मूल O से शुरू माना जाता है; इन कर्तों के दूसरे सिरे मूलेतर सिरे कहला सकते हैं]। इन कर्तों के मूलेतर सिरों से गुजरने वाली सरल रेखा AB प्रथम समीकरण का ग्राफ है। इसी तरह से दूसरे समीकरण के लिए $a=-4$, $b=1.5$ प्राप्त करते हैं और सरल रेखा CD खींचते हैं।*

ग्राफों के कटान-बिंदु K के दिशांक ही x, y के इष्ट मान हैं। दिशांक के मान आँख से देखकर (अंदाजन) ज्ञात करते हैं : $x\ (=OP)=3.1$; $y(=PK)=2.7$। मूलों के शुद्ध मान होते $x=3\frac{7}{71}$, $y=2\frac{47}{71}$।

उदाहरण 2. समीकरण $\frac{1}{2}x^2-\frac{1}{2}x-2=0$.

---

* कर्त a, b ढूंढ़ने के बजाय सरल रेखा के कोई भी दो बिंदु अंकित कर लेने से भी सरल रेखा खींची जा सकती है; इसके लिए x के दो मनचाहे मान लिए जाते हैं और y के तदनुरूप मान ज्ञात किये जाते हैं [अधिक व्यावहारिक विधि है : एक बार $x=0$ मान कर y का मान (b, दे. ऊपर) ज्ञात करते हैं और एक बार $y=0$ मानकर x का मान (a, दे. ऊपर) ज्ञात करते हैं, बशर्ते कि सरल रेखा दिशांक-मूल से नहीं गुजरती हो।]

इसे ग्राफ-विधि से एक अज्ञात राशि वाले समीकरण की तरह भी हल किया जा सकता है (दे. नीचे उदाहरण 4)। लेकिन इसे समीकरण-तंत्र

$$y=\frac{1}{2}x^2,\ y=\frac{1}{2}x+2$$

से बदल कर हल करना अधिक सरल है।

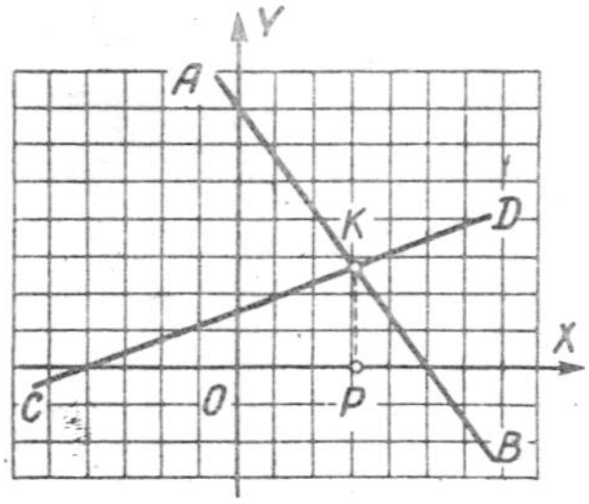

चित्र 256

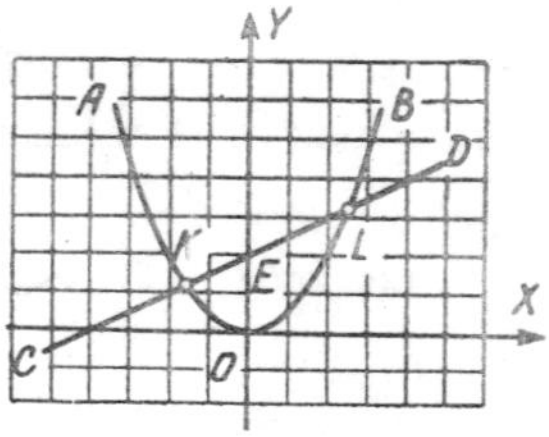

चित्र 257

प्रथम समीकरण का ग्राफ (चित्र 257 में) परवलय AOB (§ 215, संदर्भ 4) है, जिसे कई बिंदु अंकित करके खींचते हैं। दूसरे समीकरण का ग्राफ सरल रेखा $=CD$ है, जो क्रमिताक्ष पर कर्त $b\ (=OE)=2$ है; उसका कोणिक $m\ (=\tan\angle DMX)=\frac{1}{2}$ है (§ 215, संदर्भ 2)। सरल रेखा CD के साथ परवलय AOB के दो कटान-बिंदु K तथा L हैं, जिनके क्रमक (अंदाज से) $x_1=-1.6$ तथा $x_2=2.6$ प्रत्त समीकरण के सन्निकृत मान हैं। सही मान होते :

$$x_1=\frac{1-\sqrt{17}}{2},\ x_2=\frac{1+\sqrt{17}}{2}.$$

उदाहरण 3. समीकरण $2^x=4x$ हल करें।

इसे बीजगणितीय समीकरण का रूप नहीं दिया जा सकता है। एक मूल $(x=4)$ सरलतापूर्वक चुन लिया जा सकता है। अन्य मूल (यदि वे हैं) ग्राफ-विधि से ज्ञात हो सकते हैं। इस समीकरण को समीकरण-तंत्र $y=2^x$, $y=4x$ से बदल देते हैं। अब निस्थापी फलन $y=2^x$ का ग्राफ (चित्र 258) खींचते हैं (तर्क के मान $x=-1, 0, 1, 2, 3$ आदि के अनुरूप बिंदु अंकित करके) और फलन $y=4x$ का ग्राफ (सरल रेखा) खींचते हैं। यहां क्रमित क्रमक की तुलना में कहीं अधिक तेजी से बढ़ रहे हैं, इसलिए अक्ष OX पर OY की अपेक्षा छोटा पैमाना लेना अच्छा होगा (चित्र 258 में वह चार गुना कम है)।

कटान-बिंदु B और A ढूंढ़ते हैं। बनावट से स्पष्ट है कि दोनों ग्राफों के अन्य सामूहिक बिंदु नहीं हैं। बिंदु A का क्रमक $x=4$ है, बिंदु B का क्रमक लगभग रूप में प्राप्त करते हैं : $x \approx 0.3$।

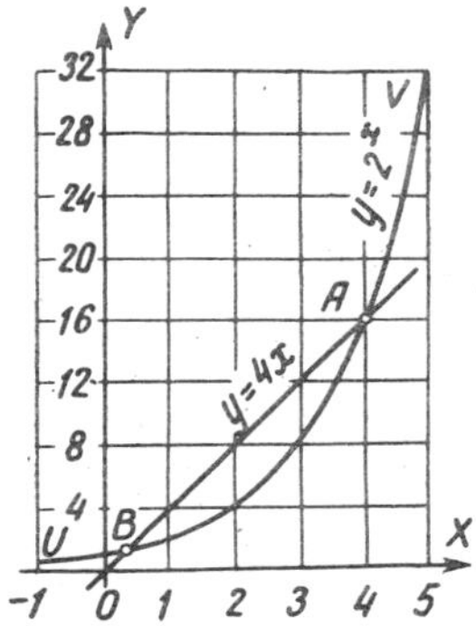

चित्र 258

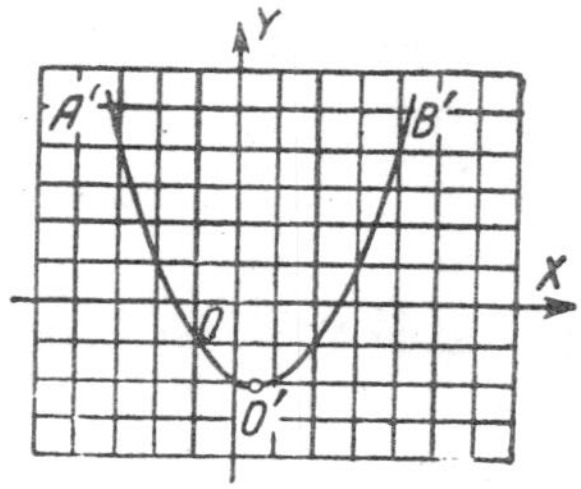

चित्र 259

प्राप्त हल को कलन द्वारा शोधित कर सकते हैं। लगरथी सारणी की सहायता से $x=0.3$ के लिए 2^x का मान ज्ञात करते हैं। 1.231 प्राप्त होता है। यह संख्या $4x=1.200$ से कुछ ज्यादा है (0.031 अंश अधिक)। इसका मतलब है कि (दे. ग्राफ) संख्या 0.3 बिंदु B के क्रमक से कम है। अब मान $x=0.35$ की जाँच करेंगे। इस मान के लिए $2^x=1.275$ और $4x=1.400$ मिलते हैं। अब 2^x का मान $4x$ के मान से काफी कम है (0.125 अंश)। इसका मतलब है कि संख्या 0.35 बिंदु B के क्रमक से कम है, अतः x का वास्तविक मान 0.30 तथा 0.35 के बीच में है और प्रथम मान से करीब चौगुना निकट है बनिस्बत कि द्वितीय मान से (क्योंकि 0.031 चार गुना कम है बनिस्बत कि 0.125)। इसलिए $x \approx 0.31$ है। जाँच से पता चलता है कि इस मान के लिए $2^x=1.240$, $4x=1.240$ हैं। वैसे, $x=0.31$ मूल का शुद्ध मान नहीं है। यदि अधिक अंकों वाली लगरथी सारणी ली जाये, तो 2^x तथा $4x$ के बीच पाँचवें सार्थक अंक में अंतर मिलेगा। उपरोक्त विधि से मूल का और भी अधिक शुद्ध मान ज्ञात किया जा सकता है।

एक अज्ञात राशि वाला समीकरण हल करने के लिए, सभी पदों को बायी ओर लाकर, इसे $f(x)=0$ का रूप देते हैं। $y=f(x)$ का ग्राफ खींचते हैं। इस ग्राफ का क्रमकाक्ष के साथ कटान-बिंदु ज्ञात करते हैं, जिनके क्रमक इस मूल होते हैं।

उदाहरण 4. समीकरण $\frac{1}{2}x^2=\frac{1}{2}x+2$ हल करें।

सभी पदों को बायीं ओर लाते हैं :

$$\frac{1}{2}x^2-\frac{1}{2}x-2=0.$$

फलन $y=\frac{1}{2}x^2-\frac{1}{2}x-2$ का ग्राफ खींचते हैं (बिंदु अंकित कर-करके)। प्राप्त होता है परवलय $A'O'B'$ (चित्र 259); इसका रूप वैसा ही है जैसा उदाहरण 2 के परवलय का; शीर्ष बिंदु $O'(\frac{1}{2}, -2\frac{1}{8})$ पर स्थित है (दे. § 215, संदर्भ 4)। क्रमकाक्ष से यह दो बिंदुओं पर कटता है। इनके क्रमकों का पठन लेने पर $x_1=-1.6$ तथा $x_2=2.6$ मिलते हैं।

असमिकाओं का ग्राफिक हल

समीकरणों की तरह असमिकाओं के ग्राफिक हल भी अधिक शुद्ध परिणाम नहीं देते, लेकिन असमिकाओं (विशेषकर असमिका-तंत्रों) के हल में ग्राफिक विधि की दृगमता समीकरण हल करने की तुलना में कहीं अधिक महत्त्वपूर्ण भूमिका निभाती है। हल करने की युक्तियां वे ही हैं, जो समीकरण हल करने में प्रयुक्त होती हैं (§ 216); सिर्फ हल बिंदुओं द्वारा नहीं, कर्तों द्वारा निरूपित होते हैं।

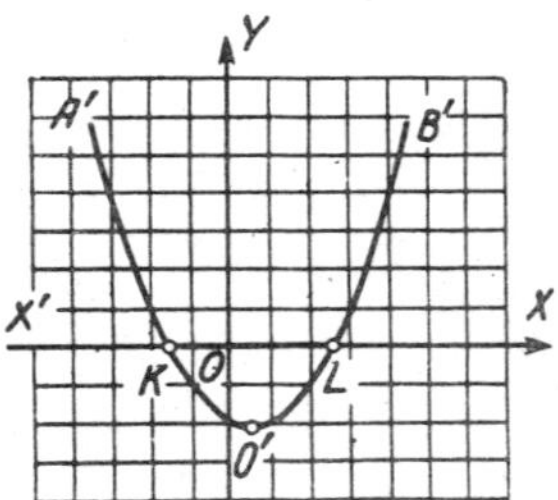

चित्र 260

उदाहरण 1. असमिका $\frac{1}{2}x^2-\frac{1}{2}x-2<0$ हल करें।

फलन $y=\frac{1}{2}x^2-\frac{1}{2}x-2$ का ग्राफ (चित्र 260) खींचते हैं (तुलना करें § 216, उदाहरण 4 से)।

शर्त के अनुसार $y<0$ होना चाहिए; इसका अर्थ है कि हल के अनुरूपी बिंदु क्रमकाक्ष के नीचे स्थित होने चाहिए। ग्राफ दिखाता है कि ऐसे बिंदुओं का ज्यामितिक स्थान परवलय $A'O'B'$ का चाप $KO'L$ है (इसके सिरे K तथा L हल में नहीं आते, क्योंकि इनके लिए $y=0$ है)।

प्रत्त असमिका को संतुष्ट करने वाले x के मान क्रमकाक्ष के कर्त KL के आंतरिक बिंदु हैं। पठन से ज्ञात होता है कि $-1.6<x<2.6$ है।

यदि शुद्ध हल ज्ञात करने की आवश्यकता है, तो बिंदु K तथा L के क्रमक कलन द्वारा, अर्थात् वर्ग-समीकरण $\frac{1}{2}x^2-\frac{1}{2}x-2=0$ के हल द्वारा ज्ञात करते हैं, जिससे

$$\frac{1-\sqrt{17}}{2}<x<\frac{1+\sqrt{17}}{2}.$$

उदाहरण 2. असमिका $\frac{1}{2}x^2-\frac{1}{2}x-2>0$ हल करें।

उदाहरण 1 वाला ही ग्राफ खींचते हैं। यहां $y>0$ होना चाहिए, अर्थात् हल निरूपित करने वाले बिंदुओं को क्रमकाक्ष से ऊपर होना चाहिए। ऐसे बिंदुओं का ज्यामितिक स्थान रेखाएं KA' तथा LB' हैं, जो ऊपर की ओर अनंत जारी रहती हैं (आरंभिक बिंदु K तथा L हल में नहीं आते)। क्रमकाक्ष पर तदनुरूप बिंदु मिलकर किरण KX' तथा LX बनाते हैं (बिंदु K, L बहिष्कृत हैं)।

प्रत्त असमिका सत्य है, यदि (1) $x<-1.6$ है, (2) $x>2.6$ है; शुद्ध हल है :

$$(1)\ x<\frac{1-\sqrt{17}}{2},\ (2)\ x>\frac{1+\sqrt{17}}{2}.$$

उदाहरण 3. असमिका $\frac{1}{2}x^2<\frac{1}{2}x+2$ हल करें।

यह असमिका $\frac{1}{2}x^2-\frac{1}{2}x-2<0$ के समतुल्य है, जिसे उदाहरण 1 में हल किया गया है, पर प्रत्त रूप में इसे हल करना अधिक आसान है।

फलन $y=\frac{1}{2}x^2$ का ग्राफ (चित्र 261, परवलय AOB) और फलन $\bar{y}=\frac{1}{2}x+2$ (सरल रेखा CD) खींचते हैं (तुलना करें § 216, उदाहरण 2 से)। y के ऊपर पड़ी लकीर इसलिए खींची गयी है कि एक ही क्रमक के लिए परवलय और सरल रेखा के क्रमितों (y तथा $\bar{y}$) में भेद किया जा सके।

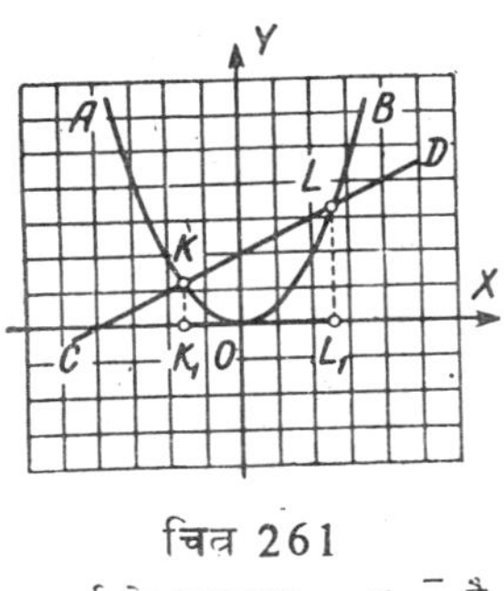

चित्र 261

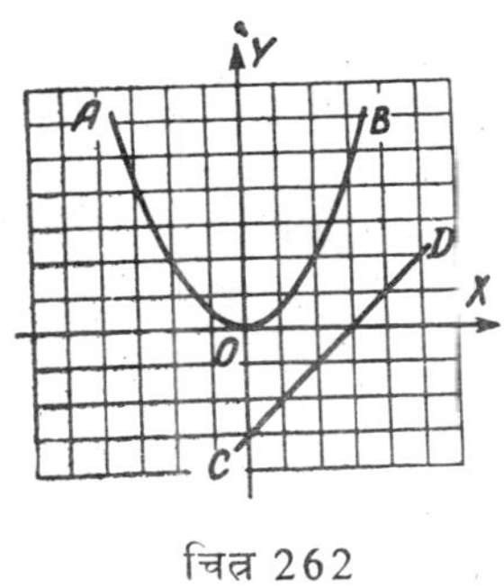

चित्र 262

शर्त के अनुसार $y<\bar{y}$ है, अर्थात् समान क्रमकों के लिए परवलय के बिंदुओं को सरल रेखा के बिंदुओं से नीचे होना चाहिए। ग्राफ दिखाता है कि

रेखा AOB तथा CD के वे खंड (चाप KOL तथा कर्त KL), जो इस शर्त को पूरा करते हैं, क्रमकाक्ष के कर्त K_1L_1 के अनुरूप हैं (सिरे K_1 तथा L_1 बहिष्कृत हैं)। K तथा L के क्रमकों का पठन लेने पर सन्निकृत हल $-1.6 < x < 2.6$ प्राप्त होता है।

उदाहरण 4. असमिका $\frac{1}{2}x^2 < x - 3$ हल करें।

फलन $y = \frac{1}{2}x^2$ का ग्राफ (परवलय AOB) और फलन $\bar{y} = x - 3$ का ग्राफ (सरल रेखा CD) खींचते हैं (चित्र 262)। $y < \bar{y}$ होना चाहिए। पर परवलय AOB सरल रेखा CD से पूर्णतया ऊपर है, अतः प्रत्त असमिका हलातीत है।

उदाहरण 5. असमिका $\frac{1}{2}x^2 > x - 3$ हल करें। बनावट पिछले उदाहरण की तरह है, लेकिन यहां $y > \bar{y}$ होना चाहिए; इसलिए प्रत्त असमिका एक समात्मिका है, अर्थात् किसी भी x के लिए सत्य है।

उदाहरण 6. असमिका-तंत्र हल करें :

$$x + 4 \leqslant x^2 \leqslant 6 - x; \ \frac{1}{2}x^2 > \frac{3}{2} - \frac{1}{4}x.$$

प्रथम दो असमिकाओं की जगह समतुल्य असमिका लिखते हैं : $\frac{1}{2}x + 2 \leqslant \frac{1}{2}x^2 \leqslant 3 - \frac{1}{2}x$; निम्न फलनों के ग्राफ खींचते हैं (चित्र 263) : $y = \frac{1}{2}x^2$ (परवलय AOB), $y' = \frac{1}{2}x + 2$ (सरल रेखा CD), $y'' = 3 - \frac{1}{2}x$ (सरल रेखा UV), $\bar{y} = \frac{3}{2} - \frac{1}{4}x$ (सरल रेखा EF)।

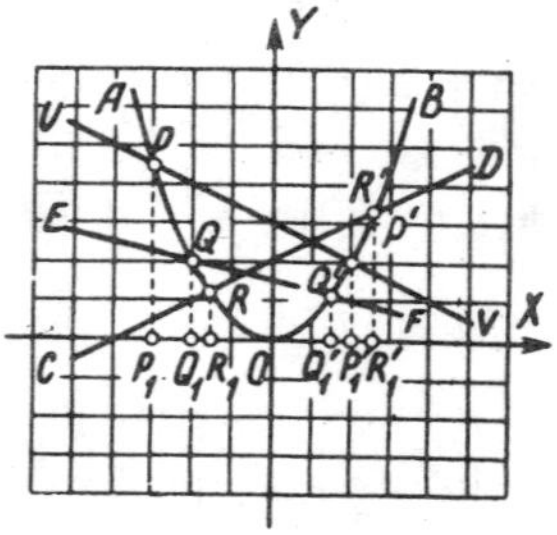

चित्र 263

प्रथम दो असमिकाओं की मांग है कि परवलय का चाप सरल रेखा CD के ऊपर हो तथा सरल रेखा UV से नीचे हो, या इन सरल रेखाओं के साथ सामूहिक बिंदु रखे। इन मांगों की पूर्ति परवलय का चाप RP (सिरे R, P समेत) करता है; क्रमकाक्ष पर इसका अनुरूप कर्त R_1P_1 है।

तीसरी असमिका की मांग है कि परवलय का चाप सरल रेखा EF के ऊपर हो; इससे हम चाप RP में से चाप QP अलग करते हैं (सिरा P को सम्मिलित करते हैं और Q को बहिष्कृत करते हैं)। क्रमकाक्ष पर चाप QP का सानुरूप कर्त Q_1P_1 है। बिंदु Q, P के क्रमकों का पठन लेते हैं, जिससे

$$-3 \leqslant x < -2.$$

उदाहरण 7. असमिका $\frac{x^2+x-6}{x^2-x-4}<0$ हल करें।

यह असमिका निम्न दो स्थितियों में संभव है:

(1) जब $x^2+x-6<0$ है और इसके साथ-साथ $x^2-x-4>0$ है;

(2) जब $x^2+x-6>0$ है और इसके साथ-साथ $x^2-x-6<0$ है।

प्रथम स्थिति में $x+4<x^2<6-x$ मिलता है। इस तंत्र का हल (दे. उदाहरण 6) ग्राफ के रूप में कर्त P_1R_1 है (सिरे P_1 और R_1 बहिष्कृत हैं)। दूसरी स्थिति में $x+4>x^2>6-x$ मिलता है। इस तंत्र को पिछले की भाँति हल करने पर परवलय AOB का चाप $P'R'$ मिलता है; क्रमकाक्ष पर इसका अनुरूप कर्त $P_1'R_1'$ है (सिरे $P_1'R_1'$ बहिष्कृत हैं)। बिंदु P, R, P', R' के क्रमकों का पठन लेकर देखते हैं कि प्रत्त असमिका-तंत्र निम्न स्थितियों में संतुष्ट होता है:

(1) $-3<x<-1.6$ होने पर;

(2) $2<x<2.6$ होने पर।

उदाहरण 8. असमिका $2^x<4x$ है।

फलन $y=2^x$ का ग्राफ (चित्र 258 में वक्र UV; पृ. 453) और फलन $\bar{y}=4x$ का ग्राफ (सरल रेखा AB) खींचते हैं। शर्त के अनुसार $y<\bar{y}$ है, अर्थात् वक्र UV के बिंदु सरल रेखा AB के बिंदुओं से नीचे होने चाहिए। बिंदु A और B के क्रमकों का पठन ले कर देखते हैं कि प्रत्त असमिका निम्न स्थिति में संतुष्ट होती है:

$$0.3<x<4$$

वैश्लेषिक ज्यामिति के मूल तत्त्व

सरल (प्राथमिक) ज्यामिति में हर प्रश्न हल करने के लिए कुछ न कुछ पटुता की आवश्यकता होती है और अक्सर परस्पर सादृश्य रखने वाले प्रश्नों के लिए भी भिन्न युक्तियों का सहारा लेना पड़ता है। एक प्रश्न देखें: ऐसे बिंदुओं M का ज्यामितिक स्थान ज्ञात करें, जिनकी प्रत्त बिंदु A से दूरी MA तथा प्रत्त बिं[illegible] B से दूरी MB परस्पर बराबर हों। हम जानते हैं कि इष्ट ज्यामितिक स्थान [illegible]क सरल रेखा है (जो कर्त AB के मध्य बिंदु पर लंब होती है) सरल

ज्यामिति में यह प्रश्न जिस विधि से हल होता है, वह निम्न प्रश्न हल करने में काम नहीं आयेगी : बिंदुओं M का ज्यामितिक स्थान ज्ञात करें, यदि बिंदु A तक इसकी दूरी MA बिंदु B तक इसकी दूरी MB से दुगुनी अधिक है।

वैश्लेषिक ज्यामिति एक ही साथ दो फ्रांसीसी गणितज्ञों—डेकार्ट (Decartes, 1596 – 1650) और फेर्मा (Fermat, 1601 – 1655)—द्वारा रची गई थी; यह ज्यामितिक प्रश्न हल करने की एकीकृत युक्तियां देती है और भिन्न प्रश्नों के बहुत बड़े समूहों का हल कुछेक नियमित युक्तियों के रूप में प्रस्तुत करती है। इसके लिए सभी प्रत्त और इष्ट बिंदुओं, रेखाओं, आदि को किसी दिशांक-व्यूह के साथ संबंधित किया जाता है (सिद्धांततः इस बात से कोई फर्क नहीं पड़ता कि दिशांक-व्यूह कैसे चुना गया है, पर सही ढंग से चुनने पर प्रश्न का हल सरल हो जाता है)।

दिशांक-व्यूह का चयन कर लेने के बाद हम हर बिंदु को उसके दिशांकों से और हर रेखा को उसके समीकरण से व्यक्त कर सकते हैं (§ 216)। इस तरह से प्रत्त ज्यामितिक प्रश्नों को बीजगणितीय प्रश्नों में रूपांतरित किया जाता है, जिनके हल के लिए हमें पर्याप्त व्यापक विधियां ज्ञात हैं।

उपरोक्त बात स्पष्ट करने के लिए निम्न उदाहरण देखते हैं।

उदाहरण 1. त्रिज्या r की परिधि दिशांक-व्यूह XOY (चित्र 264) से संबंधित की जाती है, जिसमें उसके केंद्र C का क्रमक $OQ=a$ तथा क्रमित $QC=b$ है। इस परिधि का समीकरण प्रस्तुत करें।

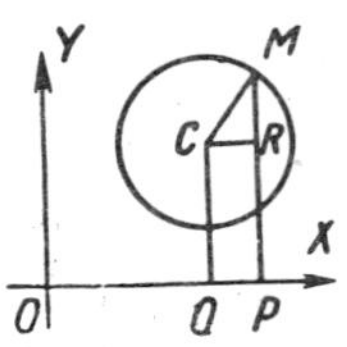

चित्र 264

मान लें कि $M(x, y)$ परिधि का मनमाना बिंदु है ($x=OP, y=PM$ है)। परिधि की परिभाषानुसार कर्त MC की लंबाई हमेशा एक स्थिर राशि r के बराबर होती है। MC को केंद्र C के स्थिर दिशांकों a, b तथा बिंदु M के परिवर्ती दिशांकों x, y के जरिये व्यक्त करते हैं। चित्र 264 से :

$$MC=\sqrt{CR^2+RM^2}=\sqrt{(OP-OQ)^2+(PM-QC)^2}$$
$$=\sqrt{(x-a)^2+(y-b)^2}.$$

अतः $$\sqrt{(x-a)^2+(y-b)^2}=r$$

या $$(x-a)^2+(y-b)^2=r^2. \qquad (1)$$

यह परिधि का समीकरण है; दूसरे शब्दों में, समीकरण (1) का ग्राफ वृत्त की परिधि है।

उदाहरण 2. बिंदुओं M का ज्यामितिक स्थान ज्ञात करें, जिनके लिए $MA=2MB$ है (A, B प्रत्त बिंदु हैं; इनकी आपसी दूरी $2l$ है)।

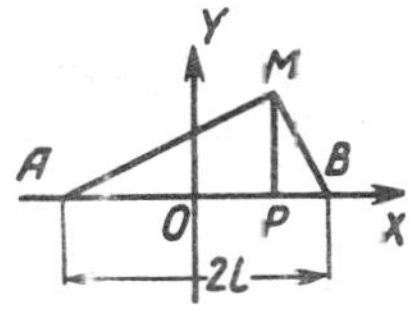

चित्र 265

दिशांक-मूल कर्त AB के मध्य बिंदु O पर लेते हैं; एक अक्ष (चित्र 265 में OX) AB पर उसके अनुतीर गुजरता है। शर्त $MA=2MB$ को बिंदु $M(x, y)$ के दिशांकों के बीच समीकरण के रूप में लिखने के लिए MA तथा MB को दिशांकों में व्यक्त करते हैं। त्रिभुज MBP से :

$$MB=\sqrt{PB^2+PM^2}=\sqrt{(OB-OP)^2+PM^2}=\sqrt{(l-x)^2+y^2}.$$

ठीक इसी प्रकार, त्रिभुज AMP से :

$$MA=\sqrt{(x+l)^2+y^2}$$

अतः शर्त $MA=2MB$ का रूप होगा :

$$\sqrt{(x+l)^2+y^2}=2\sqrt{(l-x)^2+y^2}.$$

सरल करने के बाद प्राप्त होता है :

$$x^2-\tfrac{10}{3}lx+y^2+l^2=0. \qquad (2)$$

इष्ट ज्यामितिक स्थान इस समीकरण (2) का ग्राफ है। वैश्लेषिक ज्यामिति की विधियों से हम तुरंत निष्कर्ष दे सकते हैं कि यह ग्राफ वृत्त की *परिधि* है। समीकरण (2) की समीकरण (1) के साथ तुलना करके आप स्वयं देख ले सकते हैं। इसके लिए समीकरण (2) को निम्न रूप दें :

$$(x-\tfrac{5}{3}l)^2+y^2=(\tfrac{4}{3}l)^2.$$

हम देखते हैं कि यह और कुछ नहीं, बल्कि समीकरण (1) का एक विशिष्ट रूप है, जिसमें $a=\frac{5}{3}l$ है, $b=0$ है और $r=\frac{4}{3}l$ है।

अतः इष्ट ज्यामितिक स्थान वृत्त की परिधि है, जिसका केंद्र $C(\frac{5}{3}l, 0)$ है और त्रिज्या $r=\frac{4}{3}l$ है।

सीमा

स्थिर राशि a को परिवर्ती राशि x की **सीमा** कहते हैं, यदि यह परिवर्ती राशि अपना मान बदलते हुए राशि a के असीम निकट होती

जाती है ।*

यह समझना बहुत महत्त्वपूर्ण है कि जब किसी *अकेली परिवर्ती राशि* पर विचार किया जाता है, तो उसकी सीमा ढूंढ़ने का कोई प्रश्न नहीं उठता। लेकिन जब दो परिवर्ती राशियों पर विचार किया जाता है, जिनमें से एक राशि दूसरी अनुतर्क का फलन होती है, तो एक (अनुतर्क) के लिए कोई सीमा *निर्धारित* की जाती है (उसे कोई सीमा प्रदान करते हैं) और दूसरी (फलन) के लिए तदनुरूप सीमा ढूंढ़ते हैं (यदि उसका अस्तित्व होता है)।

उदाहरण 1. परिवर्ती राशियां x, y निर्भरता $y=\frac{x^2-4}{x-2}$ से संबंधित हैं; y की सीमा ज्ञात करें, जब x की सीमा संख्या 6 होती है।

परिवर्ती राशि x का मान संख्या 6 के असीम निकट लाते हैं। यह किसी भी विधि से कर सकते हैं, यथा, x को निम्न मान प्रदान करते जाते हैं : 6.1, 6.01, 6.001 आदि। y के तदनुरूप मान 8.1, 8.01, 8.001 आदि होंगे; ये मान संख्या 8 के असीम निकट होते जायेंगे। x को संख्या 6 के असीम निकट *किसी भी विधि* से लाने पर यही फल मिलेगा। उदाहरणार्थ, हम मान सकते हैं कि x का मान निम्न प्रकार से बदल रहा है : $x=5.9$, 6.01, 5.999, 6.0001 आदि। इसीलिए जब x की सीमा 6 है, तो y की सीमा 8 है। इस वाक्य को गणितीय रूप में निम्न प्रकार से लिखते हैं :

$$\lim_{x\to 6} y=8 \quad \text{या} \quad \lim_{x\to 6}\frac{x^2-4}{x-2}=8$$

प्रतीक lim शब्द limit (=सीमा) से लिया गया है। इस प्रश्न का उत्तर व्यंजन $y=\frac{x^2-4}{x-2}$ में $x=6$ बैठा देने से भी मिल सकता था, लेकिन अगले उदाहरण में इस युक्ति से कोई सफलता नहीं मिलेगी।

---

* यह परिभाषा पूर्णतया शुद्ध नहीं है, क्योंकि व्यंजन "असीम निकट होती है" को और भी तार्किक स्पष्टता देने की आवश्यकता है। इसे सही ढंग से संक्षेप में तथा साथ ही स्पष्ट तर्कसम्मत रूप से व्यक्त करना शायद ही संभव है। दिये गये उदाहरणों से इसका अर्थ उस हद तक समझ में आ जाता है, जितना यहां आवश्यक है। अन्य स्कूली पाठ्य-पुस्तकों में दी गयी परिभाषाएं भी अपूर्ण ही होती हैं, उनमें भी इसी तरह की कमियां अनिवार्य रूप से पायी जाती हैं।

उदाहरण 2. प्रत्त है : $y = \frac{x^2 - 4}{x - 2}$ । $\lim_{x \to 2} y$ ज्ञात करें।

व्यंजन $\frac{x^2 - 4}{x - 2}$ में $x = 2$ रखने पर व्यंजन $\frac{0}{0}$ मिलता है (§ 38)। लेकिन यदि उदाहरण 1 की भाँति कलन करते जायें, तो पता चलेगा कि $\lim_{x \to 2} \frac{x^2 - 4}{x - 2} = 4$ है। यह परिणाम एक अन्य विधि से भी मिल सकता है। $\frac{x^2 - 4}{x - 2} = \frac{(x-2)(x+2)}{x-2}$ है। यदि $x \neq 2$ है, तो भिन्न को $(x-2)$ से काट सकते हैं ($x = 2$ होने पर काटना अनधिकृत है!)। इससे $y = x + 2$ मिलता है ($x \neq 2$ है)। अब x को 2 के असीम निकट लाते हैं (x का मान बदलते हुए, लेकिन x को 2 के बराबर नहीं होने देते); तब y, जो $x + 2$ के ही बराबर रहेगा, 4 के असीम निकट होता जायेगा।

इस प्रश्न को कभी-कभी निम्न रूप में भी प्रस्तुत करते हैं : "$x = 2$ होने पर, व्यंजन $\frac{x^2 - 4}{x - 2}$ का सच्चा मान ज्ञात करें", या "$x = 2$ के लिए अनिश्चित व्यंजन $\frac{x^2 - 4}{x - 2}$ को निश्चित करें"। इन व्यंजनों का सही अर्थ यह है कि $\lim_{x \to 2} \frac{x^2 - 4}{x - 2}$ ज्ञात करने के लिए कहा जा रहा है।

उदाहरण 2 में "अनिश्चित व्यंजन को निश्चित" करने के लिए भिन्न $\frac{x^2 - 4}{x - 2}$ को $x - 2$ से काटते हैं, फिर $x = 2$ रखते हैं। पर यह विधि भी हमेशा काम नहीं आती।

लुप्तमान और विराटमान राशियां

जिस परिवर्ती राशि की सीमा शून्य हो, उसे **लुप्तमान राशि** कहते हैं।

उदाहरण 1. परिवर्ती राशि $\sqrt{x+3} - 2$ एक लुप्तमान राशि है, यदि x का मान 1 की ओर प्रवृत्त होता है (एक के असीम निकट होने लगता है), क्योंकि

$$\lim_{x \to 1} (\sqrt{x+3} - 2) = 0.$$

असीम वर्धी परम मान वाली परिवर्ती राशि को **विराटमान राशि** कहते हैं ।

उदाहरण 2. परिवर्ती राशि $\frac{x}{x-5}$ एक विराटमान राशि है, यदि x का मान 5 के असीम निकट हो रहा हैं।

विराटमान राशि की सीमा नहीं होती । पर कहने की प्रथा है कि "विराटमान राशि की सीमा अनंत है", "विराटमान राशि अनंत को प्रवृत्त होती है", आदि । इसके अनुसार निम्न प्रतीक अपनाया गया है :

$$\lim_{x \to 5} \frac{x}{x-5} = \infty \qquad (1)$$

चिह्न ∞ (अनंत) का अर्थ कोई संख्या नहीं है, समिका (1) कोई समिका भी नहीं हैं; यह सिर्फ इतना व्यक्त करती है कि x जब 5 की ओर प्रवृत्त होने लगता है, तो $\frac{x}{x-5}$ का असीम वर्धन होने लगता है; भिन्न $\frac{x}{x-5}$ के मान धनात्मक भी हो सकते हैं ($x>5$ होने पर) और ऋणात्मक भी ($x<5$ होने पर) ।

टिप्पणी. ऐसी भी स्थितियाँ संभव हैं, जब विराटमान राशि सिर्फ धनात्मक (या सिर्फ ऋणात्मक) मान ग्रहण करें । यथा, लुप्तमान राशि x के लिए राशि $\frac{1}{x^2}$ एक विराटमान राशि होगी जिसके मान $x>0$ और $x<0$ दोनों ही स्थितियों में धनात्मक होंगे । यह निम्न आलेख से व्यक्त करते हैं :

$$\lim_{x \to 0} \frac{1}{x^2} = +\infty.$$

इसके विपरीत. राशि $-\frac{1}{x^2}$ सदा ऋणात्मक है, अतः

$$\lim_{x \to 0} \left(-\frac{1}{x^2}\right) = -\infty \text{ लिखते हैं।}$$

इन बातों के अनुसार उदाहरण 2 का परिणाम निम्न रूप में लिखा जायेगा :

$$\lim_{x \to 5} \frac{x}{x-5} = \pm\infty.$$

उदाहरण 3. $\lim_{x \to \infty} \frac{x-1}{x} = 1$ का अर्थ है कि जब x विराटमान संख्या है, तो राशि $\frac{x-1}{x}$ सीमा 1 की ओर प्रवृत्त होती है। प्रतीक $x \to \infty$ को पढ़ें : "एक्स भवीत अनंत"।

उदाहरण 4. वाक्य "वृत्त का क्षेत्रफल अंतरित बहुभुज के क्षेत्रफल की सीमा है, जब उसकी भुजाओं की संख्या अनंत बढ़ने लगती है" का अर्थ यह है कि बहुभुज की भुजाओं की संख्या अनंत बढ़ाते जाने पर उसकी परिरेखा, वृत्त की परिरेखा पर संपात होने की प्रवृत्ति रखती है, और उसका क्षेत्रफल वृत्त के क्षेत्रफल के असीम निकट होने लगता है।